国家文化产业资金支持媒体融合重大项目

U0648981

职业教育教学改革融合创新型教材

Shuifa Xiti Yu
Jieda

税法习题与解答 第六版

张亮 刘彩霞 主编 宋燕 汤玉梅 张娟 副主编

东北财经大学出版社 大连
Dongbei University of Finance & Economics Press

图书在版编目（CIP）数据

税法习题与解答 / 张亮，刘彩霞主编．—6版．—大连：东北财经大学
出版社，2023.8（2024.9重印）
（职业教育教学改革融合创新型教材）
ISBN 978-7-5654-4891-1

Ⅰ．税…　Ⅱ．①张…②刘…　Ⅲ．税法–中国–高等职业教育–题
解　Ⅳ．D922.220.4

中国国家版本馆CIP数据核字（2023）第134241号

东北财经大学出版社出版
（大连市黑石礁尖山街217号　邮政编码　116025）
网　　　址：http://www.dufep.cn
读者信箱：dufep@dufe.edu.cn
大连天骄彩色印刷有限公司印刷　　东北财经大学出版社发行
幅面尺寸：185mm×260mm　　　字数：249千字　　　印张：11.5
2023年8月第6版　　　　　　　　2024年9月第2次印刷
责任编辑：张旭凤　赵宏洋　　　　　　责任校对：曲以欢
封面设计：原　皓　　　　　　　　　　版式设计：原　皓
定价：28.00元

教学支持　售后服务　联系电话：（0411）84710309
版权所有　侵权必究　举报电话：（0411）84710523
如有印装质量问题，请联系营销部：（0411）84710711

税法既是财经类专业的核心课程，也是其他经管类专业的必修课程或选修课程。为了及时反映深化增值税改革、小微企业税收优惠的最新内容，以及环境保护税、个人所得税、耕地占用税、车辆购置税、资源税、印花税等税种立法的最新变化，在《税法》（第六版）教材的基础上，根据财经商贸大类中的财务会计类、财政税务类专业人才培养目标和教师的教学需求，我们编写了《税法习题与解答》（第六版）。本配套练习册具有以下四个特点：

第一，概念题强调"是什么"，主要以单项选择题、多项选择题、判断题等形式考核，重视对税法原理理解能力的培养，强化学生对"职业核心知识"的认知，使其记住并强化这些知识、标准和规范。

第二，实务题强调"做什么"，主要以单项选择题、多项选择题、判断题、计算题等形式考核，着重进行税种计算能力的培养，并以学生日后的实际工作需要为核心，紧密结合会计工作中的实际需要，重在学生的技能训练，增强"职业核心能力"，可操作性比较强，重视实践能力的培养。

第三，分析题强调"为什么"，主要以计算题、案例题等形式考核，注重举一反三能力的培养。尤其针对教材中的重点、难点以及容易产生混淆或错误之处，使学生边看边学、边学边练，从而起到强化技能、规范操作的效果。为进一步加强效果，本书配套主教材配备了微课数字资源，对重难点进行了讲解，助力实现线上线下混合式学习。

第四，应用题强调"怎么做"，主要以综合题等形式考核，并与资格考试内容接轨。税法既是初级会计师、注册会计师、税务师等职业资格证书考试的必考科目，也是财务会计类、财政税务类专业"1+X"职业技能等级证书的重要学习内容。本配套练习册的使用，可以为学生通过上述考试奠定坚实的基础。

本书既可作为高等职业学校的专科、本科财务会计类、财政税务类专业的教学辅导用书，也可作为成人高等学校、企业职工培训、税务工作人员的自学辅导用书。本书以2023年4月1日前发布的我国税收法律、法规为主要依据，若之后税法有调整或变化，应以新法为准。

本书由张亮、刘彩霞任主编，宋燕、汤玉梅、张娟任副主编。刘彩霞编写第一章；丁婷玉、胡蝶编写第二章；宋燕编写第三章；沈颖喆编写第四章、第七章；汤玉梅编写第五章、第十章第三节；汤玉梅、邓晴编写第十三章；彭晖编写第六章；孙睿编写第八章；文丹编写第九章、第十章第一节和第二节；张娟编写第十一章；黄喆编写第十二章、模拟试卷及参考答案；胡蝶编写第十四章。最后，全书由张亮、刘彩霞、宋燕进行修改并总纂定稿。

由于编者水平有限，书中不足之处在所难免，恳请读者提出宝贵意见（联系邮箱为 lcxwdd@126.com），以便修订时改进。

编　者

2023年5月

目　录

第一部分　同步练习

第一章　依法治税下我国税法体系 ……………………………………………………… 1

第二章　金税工程下的增值税 …………………………………………………………… 8

第三章　促进公平收入分配的消费税 …………………………………………………… 25

第四章　服务区域发展的城市维护建设税和教育费附加 ……………………………… 34

第五章　助力美丽中国建设的绿色税收 ………………………………………………… 41

第六章　支持地方经济发展的土地增值税 ……………………………………………… 52

第七章　受益地方的房产税 ……………………………………………………………… 64

第八章　因地制宜的城镇土地使用税和耕地占用税 …………………………………… 68

第九章　交通强国下的车辆购置税和车船税 …………………………………………… 74

第十章　具有契约精神的印花税和契税 ………………………………………………… 79

第十一章　创新创业下的企业所得税 …………………………………………………… 83

第十二章　迈向共同富裕的个人所得税 ………………………………………………… 108

第十三章　经济全球化下的我国关税 …………………………………………………… 124

第十四章　数字化转型下的税收征收管理法 …………………………………………… 131

第二部分　参考答案

第一章　依法治税下我国税法体系 ……………………………………………………… 139

第二章　金税工程下的增值税 …………………………………………………………… 140

第三章　促进公平收入分配的消费税 …………………………………………………… 142

第四章　服务区域发展的城市维护建设税和教育费附加 ……………………………… 144

第五章　助力美丽中国建设的绿色税收 ………………………………………………… 146

第六章　支持地方经济发展的土地增值税 ……………………………………………… 148

第七章　受益地方的房产税 ……………………………………………………………… 150

第八章　因地制宜的城镇土地使用税和耕地占用税 …………………………………… 151

第九章　交通强国下的车辆购置税和车船税 …………………………………………… 153

第十章　具有契约精神的印花税和契税 ………………………………………………… 154

第十一章　创新创业下的企业所得税 …………………………………………………… 155

第十二章　迈向共同富裕的个人所得税 ………………………………………………… 158

第十三章　经济全球化下的我国关税 …………………………………………………… 161

第十四章　数字化转型下的税收征收管理法 …………………………………………… 162

第三部分　模拟试卷及参考答案

模拟试卷（一） ………………………………………………………………………………… 165

模拟试卷（二） ·· 170

模拟试卷（一）参考答案 ··· 175

模拟试卷（二）参考答案 ··· 177

第一章　依法治税下我国税法体系

第一节　税收与税法

一、单项选择题

1.税法是指有权的国家机关制定的有关调整税收分配过程中形成的权利义务关系的法律规范总和。从狭义的税法角度看，有权的国家机关是指（　　）。

A.全国人民代表大会及其常务委员会

B.国务院

C.财政部

D.国家税务总局

2.在税收分配活动中，税法的调整对象是（　　）。

A.税收分配关系　　　　　　　　B.经济利益关系

C.税收权利义务关系　　　　　　D.税收征纳关系

3.下列关于税法特点的表述中，不正确的是（　　）。

A.从立法过程来看，税法属于制定法

B.从法律性质来看，税法属于义务性法规

C.从内容上看，税法具有综合性

D.从法律性质来看，税法属于授权性法规

4.下列各项中，属于税法基本原则的是（　　）。

A.法律优位原则　　　　　　　　B.税收法定原则

C.法律不溯及既往原则　　　　　D.程序优于实体原则

5.税收法定原则也称税收法定主义。下列有关税收法定原则的表述中，错误的是（　　）。

A.税收法定原则的功能侧重于保持税法的稳定性与可预测性

B.课税要素明确原则更多的是从立法技术角度保证税收分配关系的确定性

C.课税要素必须由法律直接规定

D.依法稽征原则的含义包括税务机关有选择税种开征和停征的权力

6.如果纳税人通过转让定价或其他方法减少计税依据,税务机关有权重新核定计税依据,以防纳税人避税与偷税,这样处理体现了税法基本原则中的 (　　)。

A.税收法定原则　　　　　　　　　　　B.税收公平原则

C.税收合作信赖主义原则　　　　　　　D.实质课税原则

7.必须在纳税人缴纳有争议的税款后,税务行政复议机关才能受理纳税人的复议申请,这体现了税法适用原则中的 (　　)。

A.新法优于旧法原则　　　　　　　　　B.特别法优于普通法原则

C.程序法优于实体法原则　　　　　　　D.实体法从旧,程序法从新原则

8.下列关于税法的时间效力的说法中,正确的是 (　　)。

A.税法的时间效力是关于税法何时生效的问题

B.对于重要税法的个别条款的修订,目前大多采用税法自通过发布之日起生效的方式

C.税法的失效方式中,很少采用的是直接宣布废止

D.我国及许多国家的税法均坚持不溯及既往原则

9.下列有关税法解释的表述中,正确的是 (　　)。

A.税法解释不具有针对性

B.税法解释不具有专属性

C.税法行政解释不可作为办案的依据

D.税法立法解释通常为事后解释

10.《中华人民共和国个人所得税法》规定"劳务报酬所得按次征收",《中华人民共和国个人所得税法实施条例》规定"劳务报酬所得……属于同一项目连续性收入的,以一个月内取得的收入为一次"。这一税法解释属于 (　　)。

A.司法解释　　　　B.字面解释　　　　C.扩充解释　　　　D.行政解释

二、多项选择题

1.下列关于税法基本原则的表述中,正确的有 (　　)。

A.税收法定主义的功能偏重于保持税法的稳定性和可预测性

B.经济上的税收公平不具备强制约束力,仅作为制定税法的参考

C.实质课税原则的意义在于防止纳税人避税

D.税收公平主义赋予纳税人既可以要求实体利益上税收公平,也可以要求程序上税收公平的权利

2.根据税法的适用原则,下列说法中,错误的有 (　　)。

A.根据法律不溯及既往原则,纳税人在新税法公布实施之前发生的纳税义务在新税法公布实施之后进入税款征收程序的,原则上新税法不具有约束力

B.根据法律优位原则,税收法律的效力高于税收行政法规的效力,但税收行政法规的效力与税收行政规章的效力相同

C.程序法优于实体法是指在诉讼发生时，税收程序法优于税收实体法适用

D.根据特别法优于普通法的原则，凡是特别法中做出规定的，原有的居于普通法地位的税法便废止

3.可以作为法庭判案直接依据的税法解释有（　　）。

A.行政解释　　　　　　　　　　　B.立法解释

C.司法解释　　　　　　　　　　　D.各级检察院做出的检察解释

4.按照税法解释权限划分，与被解释的税法具有同等法律效力的税法解释有（　　）。

A.立法解释　　　　　　　　　　　B.行政解释

C.最高人民法院做出的司法解释　　D.最高人民检察院做出的检察解释

5.税法与刑法是从不同的角度规范人们的社会行为。下列有关税法与刑法关系的表述中，正确的有（　　）。

A.税法属于权利性法规，刑法属于禁止性法规

B.税收法律责任追究形式具有多重性，刑事法律责任的追究只采用自由刑与财产刑形式

C.刑法是实现税法强制性最有力的保障

D.有关"危害税收征管罪"的规定，体现了税法与刑法在调整对象上的交叉

6.税收法律关系的特点有（　　）。

A.体现国家单方面的意志

B.权利义务关系具有不对等性

C.主体的一方可以是纳税人，另一方只能是公益部门

D.具有财产所有权或支配权单向转移的性质

7.下列关于税收法律关系特点的表述中，正确的有（　　）。

A.具有财产所有权单向转移的性质

B.主体的一方只能是国家

C.权利与义务关系具有不对等性

D.税收法律关系的变更以主体双方意思表示一致为要件

第二节　税收实体法要素

一、单项选择题

1.比例税率是指（　　）。

A.对不同征税对象或不同税目，不论数额大小只规定一个比例的税率，税额与课税对象成正比例关系

B.对同一征税对象或同一税目，不论数额大小只规定一个比例的税率，税额与课税对象不成比例关系

3

C.对同一征税对象或同一税目，不论数额大小只规定一个比例的税率，税额与课税对象成正比例关系

D.对同一征税对象或同一税目，不论数额大小只规定一个比例的税率，税额与课税对象成反比例关系

2.应用超额累进税率计算应纳税额，如图1-1所示（数轴代表应税收入），则级距为1 500元至2 000元的速算扣除数为（　　　）元。

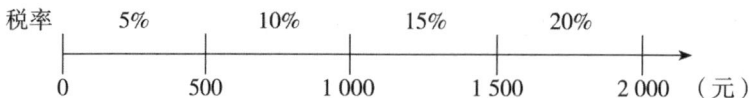

图1-1　应用超额累进税率计算应纳税额图

A.250　　　　　　　B.110　　　　　　　C.100　　　　　　　D.150

3.下列关于累进税率的表述中，正确的是（　　　）。

A.超额累进税率计算复杂，累进程度缓和，税收负担透明度高

B.全额累进税率计算简单，但在累进分界点上税负呈跳跃式，不尽合理

C.计税基数是绝对数时，超倍累进税率实际上是超率累进税率

D.计税基数是相对数时，超额累进税率实际上是超倍累进税率

4.通过直接缩小计税依据的方式实现的减免税是（　　　）。

A.法定式减免　　　B.税率式减免　　　C.税额式减免　　　D.税基式减免

5.张某取得劳务报酬收入48 000元，假设税法规定如下：免征额为800元，税率为20%，若规定计税依据20 000~30 000元的部分加征二成，30 000~40 000元的部分加征五成，40 000元以上的部分加征十成。则张某应纳税额为（　　　）元。

A.12 600　　　　　　B.12 280　　　　　　C.19 200　　　　　　D.18 880

6.减免税作为税收优惠政策的核心内容，体现了税法的统一性与灵活性的有机结合。下列关于税收减免税的表述中，正确的是（　　　）。

A.增值税即征即退是税基式减免税的一种形式

B.增值税的减免税由全国人大规定

C.免征额是税额式减免税的一种形式

D.零税率是税率式减免税的一种形式

二、多项选择题

1.下列税种中，征税对象与计税依据不一致的有（　　　）。

A.企业所得税　　　B.耕地占用税　　　C.车船税　　　　　　D.城镇土地使用税

2.下列对税收实体法要素中有关课税对象的表述，正确的有（　　　）。

A.课税对象是国家据以征税的依据

B.税目是一种税区别于另一种税的最主要标志

C.从实物形态分析，课税对象与计税依据是一致的

D.从个人所得税来看，其课税对象与税源是一致的

3.税率是税制的构成要素，税率的形式是多样的，下列说法中，正确的有（　　）。

A.在比例税率条件下，边际税率等于平均税率

B.在比例税率条件下，边际税率大于平均税率

C.在累进税率条件下，边际税率往往大于平均税率

D.在累进税率条件下，边际税率小于平均税率

4.税率是税收政策的核心要素，下列关于税率的表述中，正确的有（　　）。

A.定额税率与课税对象价值量大小成正比

B.在累进税率条件下，边际税率往往高于平均税率

C.速算扣除数是为解决全额累进税率计算税款的复杂性而引入的

D.超倍累进税率的计税基数是绝对数时，超倍累进税率实际上是超额累进税率

5.按照税收实体法要素的规定，下列表述中，正确的有（　　）。

A.纳税人是税法中规定的负担税款的单位和个人，包括自然人和法人

B.计税依据是课税对象量的体现

C.在累进税率条件下，名义税率等于实际税率

D.零税率表明纳税人仍负有纳税义务，但不需要缴纳税款

三、计算题

1.根据图1-2，回答下列问题：

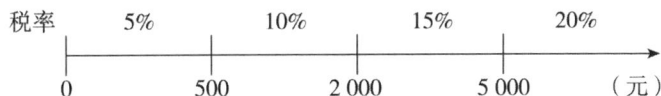

图1-2　根据超额累进税率计算应纳税额图

（1）应税收入为3 000元时，用全额累进税率计算应纳税额。

（2）应税收入为3 000元时，用超额累进税率计算应纳税额。

（3）应税收入为3 000元时，15%税率对应的速算扣除数为125，计算应纳税额。

2.（1）起征点为800元，税率为10%，收入为900元时，计算应纳税额。

（2）免征额为800元，税率为10%，收入为900元时，计算应纳税额。

第三节　我国现行税法体系

一、单项选择题

1.税收程序法是如何具体实施税法的规定。下列有关税收程序法的表述中，正确的是（　　　）。

A.办理税务登记是纳税人应尽而非法定义务

B.纳税申报是纳税人履行纳税义务的程序

C.提供担保是纳税人纳税前必经的程序

D.只要纳税人有逃避纳税义务的行为，即可对其实施税收强制执行措施

2.《中华人民共和国企业所得税法》在税法类型中属于（　　　）。

A.既是实体法，又是普通法　　　　　　B.既是程序法，又是基本法

C.既是实体法，又是基本法　　　　　　D.既是程序法，又是普通法

3.下列税种中，属于商品和劳务税的是（　　　）。

A.契税　　　　　　B.资源税　　　　　　C.消费税　　　　　　D.房产税

4.我国目前税制基本上是（　　　）的税制结构。

A.间接税为主体　　　　　　　　　　　B.间接税和直接税双主体

C.直接税为主体　　　　　　　　　　　D.无主体

二、多项选择题

1.在我国现行税法体系中，以税收法律颁布的税种有（　　　）。

A.车船税　　　　　　B.个人所得税　　　　　　C.环境保护税

D.增值税　　　　　　E.消费税

2.下列税种中，属于直接税的有（　　　）。

A.个人所得税　　　　B.增值税　　　　　　C.企业所得税　　　　D.房产税

3.下列关于税务规章的说法中，不正确的有（　　　）。

A.税务规章解释与税务规章不具有同等效力，但同属于立法解释的范畴

B.审议通过的税务规章可由起草部门直接发布

C.税务规章与地方性法规对同一事项的规定不一致时，必须由全国人大常委会
　裁决

D. 人民法院在行政诉讼中对税务规章可以参照适用，但对不适当的税务规章不能宣布无效

4. 税务行政规范也称税收规范性文件，是税务行政管理的依据，税务行政相对人也必须遵循。下列有关税务行政规范的表述中，不正确的有（　　）。

A. 属于行政立法行为的规范，只对征税主体具有约束力

B. 具有向后发生效力的特征

C. 适用于特定的主体

D. 法院判决时遵照执行

第四节　我国税收管理体制

一、单项选择题

1. 下列职权中不属于税务机关职权的是（　　）。

A. 税收检查权　　　　　　　　　　B. 税收行政立法权

C. 代位权和撤销权　　　　　　　　D. 税收法律立法权

2. 根据规定，有权制定税收法律的是（　　）。

A. 全国人大及其常委会　　　　　　B. 财政部

C. 国家税务总局　　　　　　　　　D. 国务院

3. 下列税种中，属于中央政府与地方政府共享收入的是（　　）。

A. 进口环节增值税　　　　　　　　B. 土地增值税

C. 城市维护建设税　　　　　　　　D. 车辆购置税

二、多项选择题

1. 税款的退还和追征制度是税款征收制度的重要组成部分，下列表述中，正确的有（　　）。

A. 在退还税款过程中，若纳税人有欠税的，可抵销欠税

B. 在退还税款过程中，若纳税人没有欠税，必须直接退库

C. 因税务机关的责任，纳税人少缴税款，税务机关可在3年内追征税款和滞纳金

D. 因纳税人计算错误，造成少缴税款，税务机关可在规定时限内追征税款和滞纳金

2. 税收法律是指由全国人大及其常委会制定的有关税收分配活动的法律制度。下列有关税收法律制定程序的表述中，不正确的有（　　）。

A. 必须经财政部向全国人大及其常委会提出税收法律案

B. 交由国务院审议

C. 税收法律案的通过采取表决方式进行

D. 由全国人大常委会委员长签署公布

3. 纳税人对税务机关的下列行为不服时，可以申请行政诉讼的有（　　）。

A.税务机关为其核定应纳税额

B.税务机关对其做出的加收滞纳金的决定

C.税务机关关于具体贯彻落实税收法规的规定

D.税务机关责令其提供纳税担保

第二章　金税工程下的增值税

第一节　征税范围与纳税人

一、单项选择题

1.下列各项中，不属于增值税类型的是（　　）。

A.生产型　　　　　B.收入型　　　　　C.利润型　　　　　D.消费型

2.我国当前采用增值税13%税率的是（　　）。

A.邮政服务　　　　　　　　　　B.基础电信服务

C.转让土地使用权　　　　　　　D.有形动产租赁服务

3.下列选项中，不构成销售额的是（　　）。

A.增值税税额　　　　　　　　　B.应税消费品的消费税税额

C.销售货物时收取的延期付款利息　　　D.销售货物时收取的优质费

4.某企业（系增值税一般纳税人）发生的下列行为中，应视同销售货物计算增值税销项税额的是（　　）。

A.将购买的服务用于简易计税项目

B.将购买的货物用于职工福利或个人消费

C.将购买的货物用于对外投资

D.将购买的货物用于免税项目

5.《中华人民共和国增值税暂行条例》规定，自2009年1月1日起，允许增值税一般纳税人抵扣固定资产的进项税额。这种类型的增值税被称为（　　）。

A.生产型增值税　　　　　　　　B.收入型增值税

C.消费型增值税　　　　　　　　D.积累型增值税

6.以下各项中，属于增值税视同销售行为的是（　　）。

A.将自产的食品发放给职工作为节日福利

B.将外购的一批材料用于建造办公用房

C.将外购的一批材料用于车间生产A商品

D.将外购的传真机用于人事部门办公

7.以下各项中，属于混合销售的行为是（　　）。

A.甲企业销售电梯，还销售门禁系统

B.乙企业销售电梯的同时，负责安装电梯

C.丙企业销售电脑，还销售投影仪

D.丁企业既提供建筑服务也提供装修服务

8.以下说法中，正确的是（　　）。

A.执罚部门变卖罚没商品取得的罚没收入需要交增值税

B.执罚部门变卖罚没商品取得的罚没收入不需要交增值税

C.货物期货（包括商品期货和贵金属期货）交易不交增值税

D.货物期货（包括商品期货和贵金属期货）的实物交割环节不交增值税

9.以下行为中，需要征收增值税的是（　　）。

A.供应或开采未经加工的天然水

B.对国家管理部门行使其管理职能，发放的执照、牌照和有关证书等取得的工本费收入

C.纳税人取得的中央财政补贴

D.电力公司向发电企业收取的过网费收入

10.下列行为中，不属于增值税"现代服务"征收范围的是（　　）。

A.在游览场所经营索道、摆渡车业务

B.度假村提供会议场地及配套服务

C.将建筑物广告位出租给其他单位用于发布广告

D.为电信企业提供基站天线等塔类站址管理业务

11.甲进出口公司代理乙工业企业进口设备，同时委托丙货运代理人办理托运手续，海关进口增值税专用缴款书上的缴款单位是甲进出口公司。该进口设备的增值税纳税人是（　　）。

A.甲进出口公司　　　B.乙工业企业　　　C.丙货运代理人　　　D.国外销售商

12.目前，我国增值税一般纳税人资格实行（　　）制。

A.认证　　　　　　B.登记　　　　　　C.审核　　　　　　D.认定

二、多项选择题

1.根据增值税政策的有关规定，下列情形中，不属于境内销售服务或者无形资产的有（　　）。

A.境外单位向境内单位销售完全在境外发生的服务

B.境外单位向境内单位销售完全在境外使用的无形资产

C.境外单位向境内单位出租完全在境外使用的有形动产

D.境内单位向境外单位销售完全在境外发生的服务

2.根据增值税政策的有关规定，下列说法中，正确的有（　　）。

A.不动产广告位出租收入，按照不动产租赁缴纳增值税

B.无运输工具承运业务，按照交通运输服务缴纳增值税

C.物业管理费收入，按照货物销售缴纳增值税

D.道路通行服务按照不动产经营租赁服务缴纳增值税

3.根据增值税政策的有关规定，下列说法中，正确的有（   ）。

A.将小汽车出租给其他单位使用，按照有形动产租赁缴纳增值税

B.纳税人销售电信服务时，附带赠送用户识别卡、电信终端等货物或者电信服务的，应将其取得的全部价款和价外费用分别进行核算，按各自适用的税率计算缴纳增值税

C.共享单车租金收入，按照有形动产租赁缴纳增值税

D.航空运输的干租业务，属于交通运输服务

4.根据增值税政策的有关规定，下列各项中，属于增值电信服务的有（   ）。

A.利用移动网、卫星、互联网，提供流量服务

B.出租基站

C.利用固网、移动网、卫星、互联网、有线电视网络，提供短信和彩信服务

D.卫星电视信号落地转接服务

5.按对外购固定资产价款处理方式的不同进行划分，增值税的类型有（   ）。

A.生产型增值税   B.收入型增值税

C.积累型增值税   D.消费型增值税

6.某生产企业（系增值税一般纳税人）发生的下列项目中，应视同销售货物计算增值税销项税额的有（   ）。

A.将购进的原材料无偿赠送他人

B.将购进的辅助材料分配给股东

C.将委托加工收回的货物用于职工福利

D.将自制的产品用于对外投资

7.下列关于增值税小规模纳税人的表述中，正确的有（   ）。

A.实行简易征收办法

B.不得自行开具或申请代开增值税专用发票

C.不得抵扣进项税额

D.一经认定为小规模纳税人，不得再转为一般纳税人

8.依据增值税的有关规定，境外单位或个人在境内发生增值税应税劳务而在境内未设立经营机构的，增值税的扣缴义务人有（   ）。

A.代理人   B.银行   C.购买者   D.境外单位

9.增值税征税范围包括（   ）环节。

A.生产   B.批发   C.零售   D.进口

10.以下纳税人中，可以选择按照小规模纳税人纳税的有（   ）。

A.自然人

B.不经常发生应税行为的单位和个体工商户

C.旅店业纳税人销售非现场消费的食品，属于不经常发生的增值税应税行为的

D.饮食业纳税人销售非现场消费的食品，属于不经常发生的增值税应税行为的

11.增值税纳税人年应税销售额指纳税人在连续不超过 12 个月的经营期内累计应征增值税销售额，包括（　　　）。

A.纳税申报销售额

B.稽查查补销售额

C.纳税评估调整销售额

D.小规模纳税人偶然发生的转让不动产的销售额

第二节　税率及征收率

一、单项选择题

1.根据最新税法政策的规定，下列各项中，适用 6% 的增值税税率的是（　　　）。

A.销售不动产　　　　　　　　B.销售矿泉水

C.装卸搬运服务　　　　　　　D.客运收入

2.根据增值税的现行规定，下列产品中，适用 9% 税率的是（　　　）。

A.酸奶　　　　　B.鱼罐头　　　　　C.茶饮料　　　　　D.玉米胚芽

3.根据增值税的现行规定，下列产品中，适用 9% 税率的是（　　　）。

A.饲料添加剂　　　　　　　　B.出版社出版的图书

C.农业灌溉用水　　　　　　　D.蚊香

4.根据增值税的现行规定，下列业务中，适用 13% 税率的是（　　　）。

A.远洋运输的光租业务　　　　B.远洋运输的期租业务

C.航空运输的湿租业务　　　　D.远洋运输的程租业务

5.融资性售后回租业务适用的增值税税率是（　　　）。

A.0　　　　　B.6%　　　　　C.9%　　　　　D.13%

6.根据增值税的现行规定，下列产品中，适用 9% 税率的是（　　　）。

A.酸奶　　　　　B.奶酪　　　　　C.鲜奶　　　　　D.奶油

二、多项选择题

1.纳税人发生的下列业务中，按照简易计税办法依照征收率征收增值税的有（　　　）。

A.销售旧货

B.一般纳税人销售 2016 年 5 月 1 日前购入的不动产

C.一般纳税人销售 2016 年 5 月 1 日后购入的不动产

D.一般纳税人为建筑工程老项目提供建筑服务

2.下列货物中，适用 9% 增值税税率的有（　　　）。

A.利用工业余热生产的热水　　B.石油液化气

C.饲料添加剂　　　　　　　　D.食用盐

3.下列应税行为中，应该按照6%的税率征收增值税的有（　　　）。

A.会议展览服务　　　　　　　　　　B.工程设计服务

C.装卸搬运服务　　　　　　　　　　D.航空运输的湿租业务

4.下列各项中，适用3%税率的有（　　　）。

A.一般纳税人装卸搬运收入，选择简易计税的

B.一般纳税人销售自产电梯并提供安装劳务的收入，选择简易计税的

C.小规模纳税人销售、出租不动产的

D.建筑企业一般纳税人甲供工程的建筑劳务收入，选择简易计税的

5.下列货物中，适用13%税率的有（　　　）。

A.食用盐　　　　　　　　　　　　　B.饲料添加剂

C.蚊香　　　　　　　　　　　　　　D.石油液化气

第三节　计税依据及应纳税额的计算

一、单项选择题

1.某食品厂为增值税小规模纳税人，2023年5月购进一批模具，取得的增值税普通发票注明不含税金额4 000元；以赊销方式销售一批饼干，货已发出，开具了增值税普通发票，价税合计金额60 000元，截至当月月底收到货款50 000元。当月该食品厂应纳增值税（　　　）元。

A.776.31　　　　　B.1 067.57　　　　　C.1 456.31　　　　　D.1 747.57

2.某商业零售企业为增值税一般纳税人，2023年6月1日采取以旧换新方式销售玉石首饰，旧玉石首饰作价78万元，实际收取新旧首饰差价款共计90万元；采取以旧换新方式销售原价为3 500元的金项链200件，每件收取差价款1 500元。该业务应纳增值税（　　　）万元。

A.18.28　　　　　B.22.78　　　　　C.28.31　　　　　D.28.77

3.根据增值税的相关规定，下列关于纳税人既欠缴增值税，又有增值税留抵税额的税务处理，正确的是（　　　）。

A.允许以期末留抵税额抵减增值税欠税，但不得抵减欠税滞纳金

B.抵减欠税时，既可以按欠税时间逐笔抵扣，也可以按欠税额度逐笔抵扣

C.若期末留抵税额大于欠缴总额，抵减后的余额不得结转下期继续抵扣

D.查补的增值税款，可以按规定用留抵税额抵减

4.某生产企业为增值税一般纳税人，2023年6月把资产盘点过程中不使用的部分资产进行处理：销售已经使用5年的机器设备，取得收入9 200元；销售自己使用了3年的运输车1辆，取得收入64 000元；销售给小规模纳税人库存未使用的钢材取得收入35 000元，该企业上述业务应纳增值税（　　　）元。（以上收入均为含税收入）

A.2 100.97　　　　　B.3 151.45　　　　　C.113 833.82　　　　　D.12 447.79

5.某啤酒厂为增值税一般纳税人，2023年5月销售啤酒取得不含税销售额800万元，已开具增值税专用发票，收取包装物押金23.2万元，本月逾期未退还包装物押金58万元。5月该啤酒厂增值税销项税额为（　　）万元。

A.128　　　　　　B.132　　　　　　C.110.67　　　　　　D.143.26

6.2023年5月，某酒厂（增值税一般纳税人）销售粮食白酒和啤酒给副食品公司，其中白酒开具增值税专用发票，收取不含税价款50 000元，另外收取包装物押金3 000元；啤酒开具普通发票，收取价税合计款23 400元，另外收取包装物押金1 500元。副食品公司按合同约定，于2023年7月将白酒、啤酒包装物全部退还给酒厂，并取回全部押金。就此项业务，该酒厂2023年5月计算的增值税销项税额应为（　　）元。

A.9 537.17　　　　B.10 117.95　　　　C.12 335.90　　　　D.12 553.85

7.某工业企业（属于增值税一般纳税人）发生的下列行为中，应将其已申报抵扣的进项税额从发生期进项税额中扣减的是（　　）。

A.将购进货物用于集体福利

B.将购进货物无偿赠送他人

C.将委托加工收回的货物用于对外投资

D.将委托加工收回的货物用于分配给股东

8.依据增值税的有关规定，下列销售行为中，免征增值税的是（　　）。

A.农业生产者销售外购的农业产品

B.国有粮食购销企业销售食用植物油

C.农贸市场批发和零售农膜

D.商场销售水产品罐头

9.某食品厂为增值税一般纳税人，2023年5月从农民手中购进小麦用于加工糕点并于当月全部领用，收购发票上注明买价5万元，向一般纳税人支付运费，取得增值税专用发票，注明金额为0.6万元。本月销售糕点等取得不含税销售额20万元，假定当月取得的相关票据均符合税法规定并在当月抵扣进项税，该厂当月应纳增值税（　　）万元。

A.2.70　　　　　　B.1.45　　　　　　C.2.05　　　　　　D.2.10

10.某生产企业为增值税一般纳税人，2023年3月取得应税货物不含税销售额180万元，货物适用增值税税率为13%；免税货物销售额120万元，已知用于生产应税货物和免税货物的原材料进项税额无法划分，合计20万元（上月购进时已抵扣）。该企业当月应缴纳增值税（　　）万元。

A. 11.40　　　　　B. 23.40　　　　　C. 15.40　　　　　D. 31.40

二、多项选择题

1.甲企业与乙企业均为增值税一般纳税人,2023年6月甲企业用自产的不含税市场价为3 000元的电视机与乙企业自产的电冰箱进行等价交换,甲企业将换入的电冰箱用于零售,乙企业将换入的电视机用于职工宿舍,双方互开了增值税专用发票。下列说法中,正确的有(　　)。

A.甲企业换出电视机应确认销项税额390元,换入电冰箱可以抵扣进项税额为0

B.甲企业换出电视机应确认销项税额390元,换入电冰箱可以抵扣进项税额390元

C.乙企业换出电冰箱应确认销项税额390元,换入电视机可以抵扣进项税额为0

D.乙企业换出电冰箱应确认销项税额390元,换入电视机可以抵扣进项税额390元

2.根据增值税的现行规定,下列表述中,正确的有(　　)。

A.金融商品转让,以卖出价扣除买入价后的余额为销售额

B.纳税人提供知识产权代理服务,以其取得的全部价款和价外费用,扣除向委托方收取并代为支付的政府性基金或者行政事业性收费后的余额为销售额

C.航空运输企业的应征增值税销售额不包括代收的机场建设费和代售其他航空运输企业客票而代收转付的价款

D.航空运输企业已售票但未提供航空运输服务取得的逾期票证收入,不属于增值税应税收入,不征收增值税

3.下列关于运费计算抵扣的表述中,正确的有(　　)。

A.购买或者销售免税货物(免税农产品除外)所发生的运输费用,不得计算进项税额抵扣

B.准予计算进项税额抵扣的货物运费金额是指增值税专用发票上注明的运输费用,不包括保险费等其他杂费

C.一般纳税人在生产经营过程中所支付的运输费用,允许凭票抵扣进项税额

D.一般纳税人取得的国际货物运输代理企业开具的增值税专用发票,可以抵扣进项税额

4.纳税人销售货物或提供应税劳务向购买方收取的价外费用应并入销售额计算纳税,但价外费用不包括(　　)。

A.向购买方收取的销项税额

B.受托加工应征消费税的消费品所代收代缴的消费税

C.承运部门将运费发票开具给购买方,由纳税人将该项发票转交给购买方的代垫运费

D.承运部门将运费发票开具给纳税人,由纳税人另开发票向购买方收取的代垫运费

5.增值税一般纳税人发生的下列项目中,应将其已申报抵扣的进项税额从发生期进项税额中转出的有(　　)。

A.在产品、产成品发生非正常损失

B.将原材料用于本单位集体福利

C.将委托加工收回的货物用于对外投资

D.将购进原材料用于赠送客户

6.下列项目中，支付的增值税不得从销项税额中抵扣的有（　　）。

A.因自然灾害毁损的库存商品

B.因管理不善被盗窃的产成品所耗用的外购原材料

C.贷款利息支出

D.生产免税产品接受的设计服务

三、计算题

1.某消毒剂生产企业是增值税一般纳税人，生产销售消毒剂不含税单价统一为4万元/吨。2023年3月发生下列业务：

（1）销售自产消毒剂60吨，取得不含增值税销售额240万元，将1吨自产消毒剂发放给职工用于家庭消毒。

（2）将6吨消毒剂直接捐赠给目标脱贫地区，取得接收函；将2吨消毒剂通过红十字会捐赠给养老院，取得捐赠专用票据。

（3）购买消毒剂生产材料，增值税专用发票注明金额100万元，税额13万元；购买一台消毒剂检测设备，增值税专用发票注明金额10万元，税额1.3万元。当期盘盈一台计量仪器，估价1万元。

要求：根据上述资料，计算该企业3月应纳增值税税额。

2.基农机生产企业为增值税一般纳税人，2023年5月发生以下业务：

（1）外购原材料，取得的增值税专用发票上注明价税合计金额5 000元，原材料已入库，支付运输企业含税运输费用3 052元，取得一般纳税人开具的增值税专用发票。

（2）从一般纳税人处外购农机零配件，取得的增值税专用发票上注明价款140 000元，本月生产领用价值90 000元的农机零配件；另支付运输企业含税运输费用4 142元，取得一般纳税人开具的增值税专用发票。

（3）企业为修建职工食堂领用4月份从一般纳税人处购进的钢材一批，成本70 000元（其中含向一般纳税人支付的运输费用2 790元），钢材购入时已按规定抵扣了进项税。

（4）销售自产农机整机一批，取得不含税销售额430 000元，另收取该批农机的包装费11 990元。

（5）销售外购的农机零配件一批，取得含税销售额35 030元

（6）提供农机维修劳务，开具的发票上注明不含税金额32 000元。

（7）转让一辆已自用10年的小轿车，取得含税收入100 000元。

（其他相关资料：企业取得的增值税专用发票均合规并在当月抵扣；纳税人销售自己使用过的固定资产，未放弃增值税税收优惠）

要求：根据上述资料，计算该企业应纳增值税税额。

第四节　增值税出口退（免）税

一、单项选择题

1.对骗取国家出口退税款的，由（　　）税务机关批准，按规定期限停止其出口退（免）税资格。

A.省级以上（含本级）　　　　　　　B.地市级

C.地市级以上（含本级）　　　　　　D.省级

2.某生产企业（有出口经营权）为增值税一般纳税人，2023年2月从国内采购一批生产用原材料，取得增值税专用发票，注明价款810万元，增值税税额105.3万元；当月国内销售货物取得不含税销售额150万元，出口自产货物取得收入折合人民币690万元。已知，适用的增值税税率为13%，出口退税率为10%，月初无留抵税额，相关发票均已经过主管税务机关认证并允许抵扣。则下列关于该企业增值税的税务处理的说法中，正确的是（　　）。

A.应缴纳增值税20.7万元，免抵增值税额为89.7万元

B.应退增值税89.7万元，免抵增值税额为4.8万元

C.应退增值税65.1万元，免抵增值税额为3.9万元

D.应退增值税92.3万元，免抵增值税额为2.6万元

二、多项选择题

1.依据出口退（免）税政策，一般情况下，应按"免、抵、退"方法计算退税的有（　　）。

A.生产企业自营出口货物

B.生产企业委托出口货物

C.生产性外商投资企业自营出口货物

D.外贸企业出口收购货物

2.下列出口货物中，免征增值税的有（　　）。

A.市场经营户自营出口的货物

B.非出口企业委托出口的货物

C.市场经营户委托市场采购贸易经营者以市场采购贸易方式出口的货物

D.来料加工复出口的货物

3.下列货物中,享受增值税出口免税不退税政策的有( )。

A.来料加工复出口的货物

B.小规模纳税人生产企业出口的自产货物

C.外贸企业出口避孕药品

D.非出口企业委托出口的货物

E.一般纳税人出口自产汽车

4.出口退(免)税适用对象有( )。

A.货物　　　　　　　B.劳务　　　　　　　C.服务　　　　　　　D.水电气

5.下列情形中,适用免抵退税办法的有( )。

A.生产企业出口自产货物和视同自产货物

B.生产企业对外提供加工修理修配劳务

C.属于增值税一般纳税人的集成电路设计、软件设计、动漫设计企业及其他高
新技术企业出口适用增值税退(免)税政策的货物

D.适用增值税一般计税方法的境内单位和个人提供适用增值税零税率的应税
服务

三、判断题

1.我国的出口退(免)税仅限于直接税中的增值税和消费税。　　　　　　( )

2.近20年来,我国实行过的增值税退(免)办法包括先征后退、免退税、免抵
退税、免抵税四种。　　　　　　　　　　　　　　　　　　　　　　　( )

3.出口退(免)税对象包括货物、劳务和服务三大类。　　　　　　　　　( )

四、计算题

1.某自营出口的生产企业为增值税一般纳税人,出口货物的征税率为13%,退税
率为10%。2023年4月的有关经营业务为:购进原材料一批,取得的增值税专用发票
注明价款400万元,外购货物准予抵扣的进项税额52万元通过认证。上月月末留抵税
款3万元,本月销货物不含税销售额100万元,收款113万元存入银行,本月出口货
物的销售额折合人民币200万元。

要求:请计算该企业当期的“免、抵、退”税额。

2.某拥有进出口经营权的生产企业,对自产货物经营出口及国内销售业务。该企
业1月份购进所需原材料等货物,允许抵扣的进项税额为140万元,内销产品取得销

售额 300 万元，销项税额为 39 万元，出口货物离岸价折合人民币 2 400 万元。假设上期留抵税款为 5 万元，增值税税率为 13%，退税率为 10%。

要求：请计算该企业当期的"免、抵、退"税额。

第五节 税收优惠及征收管理

一、单项选择题

1.依据增值税的有关规定，下列销售行为中，免征增值税的是（   ）。

A.农业生产者销售外购的农业产品

B.国有粮食购销企业销售食用植物油

C.农贸市场批发和零售农膜

D.商场销售水产品罐头

2.甲企业为增值税一般纳税人，2023 年 4 月 1 日，采取分期收款方式向乙企业销售一批货物，价税合计 580 万元，合同约定分三次等额支付，付款日期分别为 4 月 20日、5 月 20 日和 6 月 20 日，乙企业因资金紧张于 2023 年 5 月 4 日才支付第一笔款项 190 万。甲企业 2023 年 4 月应确认的增值税销项税额为（   ）万元。

A.0   B.22.24   C.33.15   D.80

3.下列选项中，不属于免征增值税的项目是（   ）。

A.养老机构提供的养老服务   B.医疗机构提供的医疗服务

C.个人转让著作权   D.铁路运输企业提供的旅客运输服务

4.纳税人采取赊销和分期收款方式销售货物，其增值税纳税义务发生时间为（   ）。

A.合同约定的收款日期   B.收到第一笔货款的当天

C.收到全部货款的当天   D.货物发出的当天

5.下列项目中，不免征增值税的是（   ）。

A.残疾人个人提供应税服务

B.航空公司提供飞机播洒农药服务

C.五星级酒店设立的免税商品超市

D.外国政府无偿援助的进口物资

6.下列关于增值税纳税人的说法中，错误的是（   ）。

A.境外的单位和个人在境内销售应税劳务而境内未设有经营机构的，其应纳税款以代理人为扣缴义务人

B.非企业型单位可以选择按小规模纳税人纳税

C.小规模纳税人实行简易办法征收增值税

D.纳税人的年应税销售额，是指纳税人在连续不超过12个月的经营期内累计应征增值税销售额，不包括免税销售额

7.下列项目中，属于免征增值税项目的是（　　）。

A.自来水　　　　　　B.轿车　　　　　　C.避孕药品　　　　　D.高尔夫球具

8.下列项目中，属于免征增值税项目的是（　　）。

A.古旧图书　　　　　B.果汁　　　　　　C.啤酒　　　　　　　D.废旧物资

9.下列项目中，不属于免征增值税项目的是（　　）。

A.直接用于科学研究、科学实验和教学的进口仪器和设备

B.自产农产品

C.外国政府和国际组织无偿援助的进口物资和设备

D.汽车工程公司以自产设备为汽车制造厂进行生产线安装改造

10.下列关于增值税纳税义务发生时间的说法中，正确的是（　　）。

A.采取直接收款方式销售货物的，为货物发出的当天

B.委托商场销售货物的，为商场售出货物的当天

C.采用预收货款的，为货物发出的次日

D.进口货物的，为报关进口的当天

11.委托其他纳税人代销货物，增值税纳税义务发生时间为收到代销单位的代销清单或者收到全部或者部分货款的当天。未收到代销清单及货款的，为发出代销货物满（　　）天的当天。

A.60　　　　　　　　B.90　　　　　　　　C.150　　　　　　　　D.180

12.下列有关增值税纳税地点的说法中，错误的是（　　）。

A.固定业户应当向其机构所在地主管税务机关申报纳税

B.固定业户到外县销售货物或者应税劳务，应当向其机构所在地主管税务机关申请开具《外出经营活动税收管理证明》，并向其机构所在地主管税务机关申报纳税

C.非固定业户销售货物或者应税劳务，应当向销售地或劳务发生地主管税务机关申报纳税

D.进口货物应当向进口地申报纳税

二、多项选择题

1.下列各项中，免征增值税的有（　　）。

A.托儿所、幼儿园提供的保育和教育服务

B.残疾人本人为社会提供的服务

C.个人出租唯一住房

D.个人销售自建自用住房

2.下列跨境服务免征增值税的有（　　）。

A.工程、矿产资源在境外的工程勘察勘探服务

B.会议展览地点在境外的会议展览服务

C.存储地点在境外的仓储服务

D.标的物在境外使用的有形动产租赁服务

3.根据增值税法律制度的规定，下列项目中，免征增值税的有（　　　）。

A.销售石油

B.制种企业利用自有土地或承租土地，雇用农户或雇工进行种子繁育，再经烘干、脱粒、风筛等深加工后销售种子

C.制种企业提供亲本种子委托农户繁育，并从农户手中收回，再经烘干、脱粒、风筛等深加工后销售种子

D.销售蔬菜罐头

4.根据《中华人民共和国增值税暂行条例》及其实施细则的规定，下列项目中，属于增值税免税项目的有（　　　）。

A.避孕药品和用具

B.幼儿园的保育费收入

C.高等学校的学费收入

D.安装空调并提供售后服务

5.根据增值税法律制度的规定，下列项目中，免征增值税的有（　　　）。

A.福利彩票、体育彩票的发行收入

B.驾校提供的汽车驾驶培训服务

C.学生勤工俭学提供的服务

D.婚姻介绍服务

6.根据增值税法律制度的规定，下列项目中，免征增值税的有（　　　）。

A.个人销售自建自用住房

B.农场提供农田灌溉业务

C.文化馆出租房屋业务

D.将土地使用权转让给农业生产者用于农业生产

7.下列关于增值税纳税义务发生时间的表述中，正确的有（　　　）。

A.进口货物的，增值税纳税义务发生时间为报关进口的当天

B.纳税人销售货物或者应税劳务先开具发票的，为开具发票的当天

C.增值税扣缴义务发生时间为纳税人增值税纳税义务发生的当天

D.采取预收货款方式销售货物、提供应税服务的，纳税义务发生时间一律为货物发出或服务提供的当天

8.增值税的税收优惠包括（　　　）。

A.起征点　　　　　　　　　　B.免税项目

C.即征即退　　　　　　　　　D.先征后退（返）

9.下列关于增值税纳税人放弃免税权的说法中，正确的有（　　　）。

A.纳税人放弃免税权，应当自放弃免税权的下一个纳税年度起正常计算缴纳增值税

B.纳税人既可以放弃全部货物和劳务的免税权，也可以选择某一免税项目放弃免税

C.纳税人自税务机关受理纳税人放弃免税权声明的次月起36个月内不得申请免税

D.纳税人在免税期内购进用于免税项目的货物所取得的增值税扣税凭证，一律不得抵扣

10.根据增值税的规定，下列各项中，免征增值税的有（　　　）。

A.超市销售蔬菜

B.农业生产者销售自产的水果

C.销售酸奶

D.政府储备食用植物油的销售

E.销售宠物饲料

11.下列纳税人中，以1个季度作为纳税期限的有（　　　）。

A.银行　　　　　　　　　　　　B.信托投资公司

C.保险业企业　　　　　　　　　D.外国企业常驻代表机构

三、判断题

1.农业生产者销售自产初级农产品，不属于免征增值税项目。　　　　　（　　）

2.目前，一些纳税人采取"公司＋农户"经营模式从事畜禽饲养，即公司与农户签订委托养殖合同，向农户提供畜禽苗、饲料、兽药及疫苗等（所有权属于公司），农户饲养畜禽苗至成品后交付公司回收，公司将回收的成品畜禽用于销售。在上述经营模式下，纳税人回收再销售畜禽，属于农业生产者销售自产农产品，应根据《中华人民共和国增值税暂行条例》的有关规定免征增值税。　　　　　　　　　　　　　　（　　）

3.纳税人在免税期内购进用于免税项目的货物或应税劳务所取得的增值税扣税凭证，一律不得抵扣。　　　　　　　　　　　　　　　　　　　　　　　　　（　　）

4.企业是新成立的一般纳税人，首次购买增值税税控系统专用设备发生的进项税，可以抵扣。　　　　　　　　　　　　　　　　　　　　　　　　　　　　（　　）

5.一般纳税人购进农产品可以按照10%的抵扣率抵扣进项税。　　　　　（　　）

四、计算题

1.2023年10月，S生物科技公司首次购入增值税税控系统专用设备，取得增值税专用发票，价税合计850元，同时支付当年增值税税控系统专用设备技术维护费370元。

要求：请回答该公司当月可以享受何种减免税优惠政策。

2.某药厂为增值税一般纳税人，2023年2月份购进一批制药原料，用于生产免税药品和其他药品，取得的增值税专用发票上注明价款500万元，进项税额65万元。当月销售免税药品取得销售收入200万元，另外销售其他药品共取得不含税销售收入350万元。

要求：请计算该药厂2023年2月份应缴纳的增值税税额。

第六节　增值税发票的使用及管理

一、单项选择题

1.商业企业一般纳税人零售下列货物，可以开具增值税专用发票的是（　　）。

A.烟酒　　　　　B.食品　　　　　C.化妆品　　　　　D.办公用品

2.发票是指在购销商品、提供或者接受服务以及从事其他经营活动中，开具和收取的（　　）。

A.收款凭证　　　B.付款凭证　　　C.电子凭证　　　D.收付款凭证

3.（　　）是发票的主管机关，负责发票印制、领购、开具、取得、保管、缴销的管理和监督。

A.税务机关　　　B.财政机关　　　C.海关　　　　　D.市场监督管理局

4.消费者在某酒店就餐，实际消费800元，酒店按消费者的要求开具了金额为1 000元的发票，消费者用1 000元的发票入账报销。下列说法中，正确的是（　　）。

A.消费者和酒店都没有违法

B.消费者的行为违法，酒店的行为没有违法

C.消费者的行为没有违法，酒店的行为违法

D.消费者和酒店都违法

5.王经理开办了一家家具店和一家百货店，已分别办理税务登记，各自独立核算。家具店发票使用完后，用百货店的发票开具给顾客，下列说法中，正确的是（　　）。

A.家具店和百货店都不违法

B.家具店和百货店都违法

C.家具店违法，百货店不违法

D. 百货店违法，家具店不违法

6. 下列各项中，不属于对开具增值税专用发票的要求的是（　　）。

A. 项目齐全，与实际交易相符

B. 字迹清楚，不得压线、错格

C. 发票联和抵扣联加盖公章或财务专用章

D. 按照增值税纳税义务的发生时间开具

7. 下列行为中，不属于"虚开增值税专用发票"的是（　　）。

A. 没有货物购销，为他人开具增值税专用发票

B. 有货物购销，但为他人、为自己、让他人为自己、介绍他人开具数量或者金额不实的增值税专用发票

C. 有货物购销，为他人开具数量或者金额相符的增值税专用发票

D. 进行了实际经营活动，但让他人为自己代开增值税专用发票

8. 纳税人在办理（　　）前，应当向税务机关缴销发票。

A. 注销税务登记

B. 停业、歇业登记

C. 报验登记

D. 申请开具《外出经营活动税收管理证明》

9. 税务机关为符合规定的首次申领增值税发票的新办纳税人办理发票票种核定，增值税专用发票最高开票限额不超过10万元，每月最高领用数量不超过（　　）。

A. 20份　　　　　　　B. 25份　　　　　　　C. 30份　　　　　　　D. 50份

二、多项选择题

1. 根据增值税法律制度的有关规定，下列各项中，可以作为增值税进项税额抵扣凭证的有（　　）。

A. 增值税专用发票

B. 接受境外单位提供的应税服务从税务机关取得的完税凭证

C. 增值税普通发票

D. 农产品收购发票

2. 属于增值税一般纳税人的商业企业，其发生的下列行为中，不得开具增值税专用发票的有（　　）。

A. 零售烟、酒　　　　　　　　　B. 零售劳保用品

C. 零售化妆品　　　　　　　　　D. 零售食品

3. 当主管税务机关确认购货方在真实交易中取得的供货方虚开的增值税专用发票属于善意取得时，符合规定的处理方法有（　　）。

A. 取得的虚开的增值税专用发票，可以作为增值税合法抵扣凭证抵扣进项税额

B. 取得的虚开的增值税专用发票，不得作为增值税合法抵扣凭证抵扣进项税额

C. 取得虚开的增值税专用发票被依法追缴已抵扣税款的，税务机关除责令限期

缴纳外，从滞纳税款之日起，按日加收滞纳税款万分之五的滞纳金

D. 取得虚开的增值税专用发票已抵扣进项税款的，税务机关应依法追缴已抵扣的税款，但不需要加收滞纳金

4. 按照增值税专用发票管理制度的规定，下列说法中，正确的有（　　）。

A. 专用发票由基本联次或者基本联次附加其他联次构成，基本联次为两联，即发票联和抵扣联

B. 药厂销售免税药品，不得开具增值税专用发票

C. 商业企业销售烟、酒给消费者，不得开具增值税专用发票

D. 纳税人善意取得虚开的增值税专用发票，如能重新取得合法、有效的专用发票，准予其抵扣进项税额

5. 甲企业作为小规模纳税人，其发生的下列销售行为中，只能开具增值税普通发票的有（　　）。

A. 销售旧货

B. 销售边角余料

C. 销售免税货物

D. 销售自己使用过的固定资产（已放弃减税）

6. 下列票据中，可以作为增值税抵扣进项税额合法凭证的有（　　）。

A. 增值税专用发票　　　　　　　　　B. 农产品收购、销售发票

C. 通行费的增值税电子普通发票　　　D. 火车票、飞机行程单

7. 在中华人民共和国境内（　　）发票的单位和个人，必须遵守《中华人民共和国发票管理办法》。

A. 印制　　　　　B. 领购　　　　　C. 开具和取得　　　D. 保管

8. 下列行为中，属于未按规定保管发票的有（　　）。

A. 丢失发票

B. 损（撕）毁发票

C. 丢失或擅自销毁发票登记簿

D. 擅自销毁三年前已经开具的发票存根联

9. 下列发票中，不得作为财务报销凭证的有（　　）。

A. 应经而未经税务机关监制的发票

B. 填写项目不齐全、内容不真实、字迹不清楚的发票

C. 没有加盖财务专用章的发票

D. 伪造、作废的发票

10. 增值税专用发票基本联次包括（　　）。

A. 发票联　　　　　B. 存根联　　　　　C. 记账联　　　　　D. 抵扣联

三、判断题

1. 不管购买方是否主动索取增值税专用发票，纳税人必须开具专用发票。（　　）

2. 销售免税货物的企业一律不能开具增值税专用发票。　　　　　（　　　）

3. 一般纳税人销售的货物，享受先征后返或即征即退，税务机关可以对其发售专用发票。　　　　　（　　　）

4. 商业企业向供货方收取的各种收入，一律不得开具增值税专用发票。（　　　）

5. 自 2019 年 12 月 1 日起，销售使用过的固定资产，在某些情况下可以开具增值税专用发票。　　　　　（　　　）

第三章　促进公平收入分配的消费税

第一节　征税范围及纳税人

一、单项选择题

1. 下列消费品中，属于消费税征税范围的是（　　　）。

A. 大客车　　　　　　　　　　　　B. 洗发水

C. 合成宝石首饰　　　　　　　　　D. 轮胎

2. 下列企业中，不属于消费税纳税义务人的是（　　　）。

A. 零售金银首饰的首饰店　　　　　B. 从事白酒批发业务的商贸企业

C. 进口小汽车的外贸企业　　　　　D. 委托加工烟丝的卷烟厂

3. 下列业务中，不征收消费税的是（　　　）。

A. 高档化妆品厂将自产的高档香水用于换取生产资料

B. 高尔夫球具厂将自产的高尔夫球杆的杆头用于继续生产高尔夫球杆

C. 鞭炮厂将自产的鞭炮用于抵偿债务

D. 高档化妆品厂将自产的应税消费品用于生产非应税消费品

4. 下列消费品中，应在零售环节征收消费税的是（　　　）。

A. 高档化妆品　　　　　　　　　　B. 珠宝玉石

C. 金银首饰　　　　　　　　　　　D. 镀金（银）首饰

二、多项选择题

1. 下列关于消费税纳税人的说法中，正确的有（　　　）。

A. 零售金银首饰的纳税人是消费者

B. 委托加工（高档）化妆品的纳税人是受托加工企业

C. 携带卷烟入境的纳税人是携带者

D. 邮寄入境应税消费品的纳税人是收件人

2. 下列各项中，应同时征收增值税和消费税的有（　　　）。

A. 批发环节销售的卷烟

B. 零售环节销售的金基合金首饰

C. 生产环节销售的普通护肤护发品

D. 进口环节取得外国政府捐赠的小汽车

3. 下列单位中，属于消费税纳税人的有（　　）。

A. 金银饰品商店　　　　　　　　B. 化妆品专卖店

C. 卷烟厂　　　　　　　　　　　D. 进口轿车的贸易公司

4. 下列单位中，属于消费税纳税人的有（　　）。

A. 生产销售应税消费品（金银首饰类除外）的单位

B. 委托加工应税消费品（金银首饰类除外）的单位

C. 进口应税消费品（金银首饰类除外）的单位

D. 受托加工应税消费品（金银首饰类除外）的单位

三、判断题

1. 消费税是在对所有货物普遍征收增值税的基础上选择少量消费品征收的，因此，消费税纳税人同时也是增值税纳税人。　　　　　　　　　　　　　　（　　）

2. 生产销售摩托车、进口摩托车、委托加工摩托车均应缴纳消费税。　（　　）

3. 对应税消费品征收消费税与征收增值税的征税环节相同，均在应税消费品的批发、零售环节。　　　　　　　　　　　　　　　　　　　　　　　　（　　）

4. 商场销售烟、酒等应税消费品，应按销售额计算缴纳消费税。　　（　　）

第二节　税目与税率

一、单项选择题

1. 根据消费税的有关规定，下列各项中，不征收消费税的是（　　）。

A. 无醇啤酒

B. 电池

C. 饮食业、商业、娱乐业企业开设的啤酒屋（啤酒坊）利用啤酒生产设备生产的啤酒

D. 汽车轮胎

2. 根据消费税的有关规定，下列消费品中，属于高档化妆品税目的是（　　）。

A. 进口完税价格10元一张的面膜

B. 出厂销售价格（不含增值税）20元一支（50克）的护手霜

C. 进口完税价格600元一瓶（50毫升）的香水

D. 影视演员化妆用的80元一罐（1 000克）的卸妆油

3. 根据消费税的有关规定，下列关于从量定额计征消费税的应税消费品销售数量的确定，不正确的是（　　）。

A.生产销售应税消费品的，为应税消费品的销售数量

B.自产自用应税消费品的，为应税消费品的移送使用数量

C.委托加工应税消费品的，为委托加工的应税消费品数量

D.进口的应税消费品，为海关核定的应税消费品进口征税数量

4.下列应税消费品中，实行复合计税方法缴纳消费税的是（　　）。

A.黄酒　　　　　B.实木地板　　　　　C.白酒　　　　　D.成品油

二、多项选择题

1.工业企业以外的单位和个人的下列行为中，应视为应税消费品的生产行为，按规定征收消费税的有（　　）。

A.将外购的消费税非应税产品以消费税应税产品对外销售的

B.将外购的消费税非应税产品用于职工福利的

C.将外购的消费税非应税产品用于换取生产资料的

D.将外购的消费税低税率应税产品作为高税率应税产品对外销售的

2.根据现行税法，下列消费品的流通环节中，既征收增值税又征收消费税的有（　　）。

A.卷烟的批发环节　　　　　　　B.金银饰品的生产环节

C.珍珠饰品的零售环节　　　　　D.高档手表的生产环节

3.根据消费税的有关规定，下列消费品中，不征收消费税的有（　　）。

A.沙滩车

B.卡丁车

C.电动汽车

D.乘用车和中轻型商用客车整车改装生产的汽车

4.根据消费税的有关规定，下列消费品中，应征收消费税的有（　　）。

A.高档手表　　　　　　　　　　B.高档化妆品

C.高档服装　　　　　　　　　　D.高尔夫车

5.根据消费税的有关规定，下列消费品中，应征收消费税的有（　　）。

A.宝石坯　　　　　　　　　　　B.涂料

C.帆艇　　　　　　　　　　　　D.机动艇

6.根据消费税的有关规定，下列消费品中，应征收消费税的有（　　）。

A.木制一次性筷子　　　　　　　B.一次性纸杯

C.一次性手套　　　　　　　　　D.未经涂饰的素板

三、判断题

1.未经国务院批准纳入计划的企业及个人生产的卷烟、雪茄烟和烟丝，不征收消费税。　　　　　　　　　　　　　　　　　　　　　（　　）

2.娱乐业企业开设的啤酒屋（啤酒坊）利用啤酒生产设备生产的啤酒，应当征收

消费税。 （ ）

3.对调味料酒不征收消费税。 （ ）

4.舞台、戏剧、影视演员化妆用的上妆油、卸妆油、油彩属于"高档化妆品"税目的征收范围。 （ ）

5.人造宝石等制作的各种金银首饰属于"贵重首饰及珠宝玉石"税目的征收范围。 （ ）

6.某公司进口小汽车，零售价150万元，应当征收消费税。 （ ）

7.对气缸容量小于250毫升的小排量摩托车不征收消费税。 （ ）

8.高尔夫球杆的杆身和握把不属于"高尔夫球及球具"税目的征收范围。 （ ）

9.高档手表是指销售价格（不含增值税）每只在100 000元（含）以上的各类手表。 （ ）

10.未经打磨、倒角的木制一次性筷子也属于本税目的征收范围。 （ ）

11.对无汞原电池、锂离子蓄电池、太阳能电池、燃料电池免征消费税。（ ）

12.消费税实行从价定率、从量定额或者从价定率和从量定额复合计税的办法计算应纳税额。 （ ）

第三节　计税依据及应纳税额的计算

一、单项选择题

1.根据消费税的有关规定，下列应税消费品中，实行从价定率计征消费税办法的是（ ）。

A.黄酒　　　　B.啤酒　　　　C.其他酒　　　　D.成品油

2.甲白酒厂为增值税一般纳税人，2023年5月将自产的一吨新型白酒用于职工食堂，已知：生产成本为20 000元/吨，成本利润率为10%；无同类白酒的销售价格；白酒的消费税税率为20%加0.5元/斤。则下列关于上述业务应纳消费税税额的计算过程，正确的是（ ）。

A.应纳消费税税额=（20 000+20 000×10%+1×2 000×0.5）÷（1-20%）×20%

B.应纳消费税税额=（20 000+20 000×10%）÷（1-20%）×20%+1×2 000×0.5

C.应纳消费税税额=（20 000+20 000×10%+1×2 000×0.5）×20%+1×2 000×0.5

D.应纳消费税税额=（20 000+20 000×10%+1×2 000×0.5）÷（1-20%）×20%+1×2 000×0.5

3.某手表厂为增值税一般纳税人，下设一非独立核算的展销部，2023年11月将自产的100只高档手表移送到展销部展销，作价1.5万元/只，展销部当月销售了60只，取得含税销售额139.2万元，该手表厂2023年11月应缴纳消费税（ ）万元。（高档手表消费税税率为20%）

A.18.64   B.24.64   C.28.64   D.30.64

4.某化妆品厂为增值税一般纳税人。2023年1月发生以下业务：8日销售高档化妆品400箱，每箱不含税价600元；15日销售同类化妆品500箱，每箱不含税价650元。当月以200箱同类化妆品与某公司换取精油。该厂当月应纳消费税（　　）元。（高档化妆品消费税税率为15%）

A.103 500   B.104 250   C.207 000   D.208 500

5.某汽车制造厂以自产中轻型商务车20辆投资某公司，取得10%股份，双方确认价值1 000万元，该厂生产的同一型号的商务车售价分别为60万元/辆、50万元/辆、70万元/辆（以上价格均为不含税价格）。该汽车制造厂投资入股的商务车应缴纳消费税（　　）万元。（小汽车消费税税率为5%）

A.70   B.60   C.0   D.50

6.某啤酒厂销售甲类啤酒20吨给副食品公司，开具增值税专用发票注明价款58 000元，收取包装物押金3 050元，其中包含重复使用的塑料周转箱押金50元；销售乙类啤酒10吨给宾馆，开具普通发票取得收入32 480元，收取包装物押金150元。该啤酒厂应缴纳的消费税是（　　）元。

A.5 000   B.6 600   C.7 200   D.7 500

7.某白酒生产企业为增值税一般纳税人，2023年7月销售白酒2吨，取得不含税收入20 000元，另收取包装物押金1 160元，品牌使用费2 320元，该白酒生产企业当月应纳消费税（　　）元。

A.6 238.46   B.6 615.93   C.6 724.35   D.6 465.78

8.2023年10月，某手表生产企业销售H牌1型手表800只，取得不含税销售额400万元；销售H牌2型手表200只，取得不含税销售额300万元。该手表厂当月应纳消费税（　　）万元。（高档手表消费税税率为20%）

A.52.80   B.60.00   C.152.80   D.140.00

9.下列应税消费品中，准予按照生产领用量抵扣外购应税消费品已缴纳消费税的是（　　）。

A.以外购已税珠宝玉石为原料生产的金银镶嵌首饰

B.以外购已税小汽车改造生产的小汽车

C.以外购已税实木地板为原料生产的实木地板

D.以外购已税涂料为原料生产的涂料

二、多项选择题

1.工业企业的下列行为中，应视为应税消费品的生产行为，按规定征收消费税的有（　　）。

A.将自产的消费税应税产品连续生产应税消费品

B.将自产的消费税应税产品用于职工福利

C.将自产的消费税应税产品用于换取生产资料

D. 将自产的消费税应税产品用于生产非应税消费品

2. 白酒生产企业销售自产白酒时向购买方收取的下列款项中，应并入销售额计征消费税的有（　　）。

A. 包装物押金　　　　　　　　　　B. 延期付款利息

C. 优质费　　　　　　　　　　　　D. 增值税税额

3. 以纳税人同类应税消费品的最高销售价格作为计税依据计算消费税的有（　　）。

A. 用于抵债的应税消费品

B. 用于馈赠的应税消费品

C. 用于换取生产资料的应税消费品

D. 用于换取消费资料的应税消费品

4. 下列应税消费品中，准予扣除已纳消费税的有（　　）。

A. 以已税珠宝玉石为原料生产的金基镶嵌首饰

B. 以已税烟丝为原料生产的卷烟

C. 以已税小汽车改造生产的小汽车

D. 以已税润滑油为原料生产的润滑油

5. 下列属于消费税计算应纳税额办法的有（　　）。

A. 应纳税额=销售额×比例税率

B. 应纳税额=销售数量×固定税率

C. 应纳税额=销售数量×定额税率

D. 应纳税额=销售额×比例税率+销售数量×定额税率

三、计算题

1. 某卷烟厂 2023 年 2 月生产销售某品牌卷烟 20 000 条，共取得含税收入 1 972 000 元。

要求：请计算该卷烟厂当月应纳增值税和消费税各是多少。

2. 某企业发生以下经营业务：

（1）向某商场销售自产白酒 80 吨，开具普通发票，取得含税收入 232 万元，另收取包装物押金 58 万元。

（2）生产一种新型白酒 1 吨，将其全部赠送给关联企业，已知该种白酒没有同类产品的销售价格，生产成本为 1.5 万元。

要求：请计算相关业务应缴纳的消费税（白酒的消费税税率为 20% 加 0.5 元/斤，成本利润率为 10%）。

四、综合题

1.甲造船厂（增值税一般纳税人）2023年4月业务如下：

（1）购买一批造船用材料，取得增值税专用发票，注明金额600万元；支付材料运费，取得增值税专用发票，注明运费10万元。

（2）购入一批材料，取得增值税专用发票，注明金额80万元，将该批材料送至乙锅炉厂，委托其加工成船用锅炉，支付加工费，取得的增值税专用发票注明金额12万元。

（3）与丙广告公司签订价税合计为450万元的广告拍摄和发布合同，预付广告公司50%的款项并取得广告公司开具的与预付款相对应的增值税专用发票。

（4）当期销售自造60米长的游艇3艘，收取价税合计金额1 500万元；销售自制4米长的水上娱乐摩托艇20艘，收取价税合计金额3.8万元。

（5）购买一套办公用房，取得增值税专用发票，价款600万元，增值税54万元。

其他相关资料：上述增值税专用发票均从一般纳税人处取得且符合规定并在当月抵扣，游艇的消费税税率为10%。

要求：根据上述资料回答下列问题。

（1）该造船厂当月销售游艇应纳消费税（　　　）万元。

（2）该造船厂当月销售水上娱乐摩托艇应纳消费税（　　　）万元。

（3）该造船厂当月可抵扣的增值税进项税额合计（　　　）万元。

（4）该造船厂当月增值税销项税额合计（　　　）万元。

2.甲实木地板厂为增值税一般纳税人，2023年3月有关生产经营情况如下：

（1）从油漆厂购进油漆200吨，每吨不含税价1万元，取得油漆厂开具的增值税专用发票，注明货款200万元、增值税26万元。

（2）向农业生产者收购原木30吨，收购凭证上注明支付收购货款42万元，另支付运输费用，取得运输公司（增值税一般纳税人）开具的增值税专用发票，注明运费金额2万元；原木验收入库后，又将其运往乙地板厂加工成未上漆的实木地板，取得乙厂开具的增值税专用发票，注明支付加工费8万元、增值税1.04万元，甲厂收回实木地板时乙厂代收代缴了甲厂的消费税（乙厂无同类实木地板销售价格）。

（3）甲厂将委托加工收回的实木地板的一半用于连续生产高级实木地板，当月生产高级实木地板2 000箱，销售高级实木地板1 500箱，取得不含税销售额450万元。

（4）当月将自产同类高级实木地板100箱用于装修职工食堂。

其他相关资料：实木地板消费税税率5%；实木地板成本利润率5%，所有发票均符合规定并在当月抵扣进项税额。

要求：根据上述资料，回答下列问题。

（1）甲厂当月发生的增值税进项税额为（　　　）万元。

（2）甲厂当月应缴纳增值税（　　）万元。

（3）甲厂被代收代缴消费税（　　）万元。

（4）甲厂当月应自行向主管税务机关申报缴纳消费税（　　）万元。

第四节　征收管理

一、单项选择题

1.关于消费税的处理，下列说法中，不正确的是（　　）。

A.珠宝商销售金银首饰及珠宝首饰，不能分别核算的，一律按照销售金银首饰计算缴纳零售环节消费税

B.卷烟批发企业销售卷烟，不分销售对象均应按照11%的比例税率和0.005元/支计算缴纳消费税

C.五金批发企业购进大包装电池改成小包装电池销售，应计算缴纳消费税

D.经营单位进口金银首饰无须缴纳进口环节消费税

2.根据消费税的有关规定，下列关于消费税纳税义务发生时间的规定中，不正确的是（　　）。

A.采取赊销结算方式的，为实际收到货款的当天

B.采取委托银行收款方式的，为发出应税消费品并办妥托收手续的当天

C.纳税人自产自用应税消费品的，为移送使用的当天

D.纳税人委托加工应税消费品的，为纳税人提货的当天

3.下列关于消费税纳税期限的规定中，不正确的是（　　）。

A.纳税人以1个季度为1个纳税期的，自期满之日起15日内申报纳税

B.纳税人以1个月为1个纳税期的，自期满之日起5日内预缴税款，于次月1日起15日内申报纳税并结清上月应纳税款

C.以1日、3日、5日、10日或者15日为1个纳税期的，自期满之日起5日内预缴税款，于次月1日起15日内申报纳税并结清上月应纳税款

D.纳税人进口应税消费品的，应当自海关填发海关进口消费税专用缴款书之日起15日内缴纳税款

4.下列关于消费税纳税地点的说法中，正确的是（　　）。

A.纳税人销售应税消费品的，应当在销售行为发生地主管税务机关申报纳税

B.纳税人总分机构不在同一县（市）的，可以选择由总机构汇总向总机构所在地主管税务机关申报缴纳消费税

C.委托加工应税消费品，受托方为个人的，由委托方向其机构所在地主管税务机关申报纳税

D.进口应税消费品的，由进口人或由其代理人向其机构所在地或住所地主管税务机关申报纳税

二、多项选择题

1.纳税人销售应税消费品的，下列关于消费税纳税义务发生时间的规定中，正确的有（　　）。

A.采取赊销和分期收款结算方式的，为书面合同约定的收款日期的当天

B.采取预收货款结算方式的，为发出应税消费品的当天

C.采取托收承付和委托银行收款方式的，为发出应税消费品并办妥托收手续的当天

D.采取其他结算方式的，为收讫销售款或者取得索取销售款凭据的当天

2.下列关于消费税纳税义务发生时间的表述中，正确的有（　　）。

A.某金银珠宝店销售金银首饰10件，收取价款25万元，其纳税义务发生时间为收款的当天

B.纳税人进口应税消费品的，其纳税义务发生时间为报关进口的当天

C.某汽车厂采用托收承付结算方式销售汽车，其纳税义务发生时间为发出汽车并办妥托收手续的当天

D.某化妆品厂销售化妆品采用赊销方式，合同规定收款日为5月份，实际收到货款为6月份，纳税义务发生时间为6月份

3.消费税的纳税期限分别为（　　）。

A.1日、3日、5日、10日、15日

B.1个月

C.1个季度

D.不能按照固定期限纳税的，可以按次纳税

4.下列关于消费税纳税地点的表述中，正确的有（　　）。

A.进口的应税消费品，由进口人或由其代理人向其报关地海关申报纳税

B.委托加工的应税消费品，受托方为个人的，由受托方向其机构所在地或者居住地主管税务机关申报纳税

C.纳税人委托外县（市）代销自产应税消费品的，应向受托方所在地主管税务机关申报纳税

D.纳税人自产自用的应税消费品，除国家另有规定外，应当向纳税人机构所在地或者居住地主管税务机关申报纳税

三、判断题

1.委托加工的应税消费品，由受托方在向委托方交货时代收代缴消费税。

（　　）

2.纳税人销售的应税消费品，以及自产自用的应税消费品，除国务院财政、税务主管部门另有规定外，应当向销售地主管税务机关申报纳税。　　　　　　　（　　）

3.进口的应税消费品，应当向主管税务机关申报纳税。　　　　　　（　　）

4.应税消费品采取赊销和分期收款结算方式的，增值税纳税义务发生时间为书面

合同约定的收款日期的当天，书面合同没有约定收款日期或者无书面合同的，为发出应税消费品的当天。　　　　　　　　　　　　　　　　　　　　　　（　　　）

5.纳税人销售的应税消费品，如因质量等原因由购买者退回，经机构所在地或者居住地财政机关审核批准后，可退还已缴纳的消费税税款。　　　　　（　　　）

6.委托个人加工的应税消费品，由委托方向其机构所在地或者居住地主管税务机关申报纳税。　　　　　　　　　　　　　　　　　　　　　　　　（　　　）

第四章　服务区域发展的城市维护建设税和教育费附加

第一节　城市维护建设税的征税范围及纳税人

一、单项选择题

1.下列各项中，不属于城市维护建设税的纳税义务人的是（　　　）。

A.建制镇缴纳增值税的私营企业

B.负有缴纳消费税义务的集体企业

C.负有缴纳所得税义务的外国企业

D.负有缴纳消费税义务的事业单位

2.下列关于城市维护建设税的说法中，正确的是（　　　）。

A.只要缴纳增值税就必须同时缴纳城市维护建设税

B.同时缴纳增值税、消费税的纳税人才能成为城市维护建设税的纳税人

C.只要退还增值税、消费税就必须同时退还城市维护建设税

D.城市维护建设税的纳税人是实际缴纳增值税、消费税的单位和个人

3.下列各项中，属于城市维护建设税纳税义务人的是（　　　）。

A.缴纳增值税的事业单位

B.只缴纳契税的个体工商户

C.只缴纳印花税的外商投资企业

D.只缴纳个人所得税的公司职员

二、多项选择题

1.单位和个人发生的下列行为中，不需要缴纳城市维护建设税的有（　　　）。

A.某市一企业销售有形动产　　　　　　　B.科研单位购买专利技术

C.企业购置车辆　　　　　　　　　　　　D.个人取得有奖发票中奖所得

2.下列关于城市维护建设税的表述中，正确的有（　　　）。

A.个体商贩及个人在集市上出售商品，对其征收临时经营的增值税，是否同时按其实缴的税额征收城市维护建设税，由各省、自治区、直辖市人民政府根

据实际情况确定

B. 某外国企业发生应税行为需要缴纳消费税，其也需要缴纳城市维护建设税

C. 对规定期间的国家重大水利工程建设基金免征城市维护建设税

D. 纳税人所在地不在城市市区、县城、建制镇的，不需要缴纳城市维护建设税

3. 根据相关规定，下列说法中，属于城市维护建设税特点的有（　　）。

A. 税款专款专用，具有受益税性质

B. 实行从量定额征收

C. 征收范围较广

D. 属于一种附加税

第二节　城市维护建设税的税率

一、单项选择题

1. 在北京市依法登记的流动经营商贩李某，7 月在西安市缴纳增值税，则其城市维护建设税应在（　　）。

A. 西安市缴纳，按西安市的适用税率计算

B. 北京市缴纳，按北京市的适用税率计算

C. 西安市缴纳，按北京市的适用税率计算

D. 北京市缴纳，按西安市的适用税率计算

2. 纳税人所在地不在城市市区、县城、建制镇，其城市维护建设税税率为（　　）。

A. 7%　　　　　　　B. 5%　　　　　　　C. 3%　　　　　　　D. 1%

3. 位于某市的卷烟生产企业委托设在县城的烟丝加工厂加工一批烟丝，提货时，加工厂代收代缴的消费税为 2 000 元，其适用的城市维护建设税税率为（　　）。

A. 7%　　　　　　　B. 5%　　　　　　　C. 3%　　　　　　　D. 1%

二、多项选择题

1. 下列关于城市维护建设税适用税率的表述中，正确的有（　　）。

A. 城市维护建设税按纳税人所在地区的不同，设置了三档地区差别比例税率

B. 由受托方代收代扣"两税"的纳税人可按纳税人缴纳"两税"所在地的规定税率就地缴纳城市维护建设税

C. 流动经营等无固定纳税地点的纳税人可按纳税人缴纳"两税"所在地的规定税率就地缴纳城市维护建设税

D. 纳税人跨地区提供建筑服务、销售和出租不动产的，预缴增值税时不需要缴纳城市维护建设税，在机构所在地缴纳城市维护建设税

2. 下列有关城市维护建设税的说法中，正确的有（　　）。

A. 由受托方代扣代缴"两税"的单位，其代扣代缴的城市维护建设税按受托方

所在地适用税率执行

B. 由受托方代扣代缴"两税"的单位，其代扣代缴的城市维护建设税按委托方所在地适用税率执行

C. 流动经营无固定纳税地点的单位，按经营地适用税率缴纳城市维护建设税

D. 流动经营无固定纳税地点的单位，按居住地适用税率缴纳城市维护建设税

3. 城市维护建设税适用的税率有（　　　）。

A. 7%　　　　　B. 5%　　　　　C. 3%　　　　　D. 1%

第三节　城市维护建设税的计税依据及应纳税额的计算

一、单项选择题

1. 下列各项中，可以作为城市维护建设税计税依据的是（　　　）。

A. 纳税人滞纳增值税而加收的滞纳金

B. 纳税人享受减免后实际缴纳的增值税

C. 纳税人出口货物增值税的退税额

D. 纳税人偷逃消费税被查补税款的滞纳金

2. 位于县城的某企业 2023 年 2 月共缴纳增值税、消费税和关税 400 万元，其中关税 150 万元；缴纳进口环节增值税和消费税 200 万元。该企业 2 月应缴纳的城市维护建设税为（　　　）万元。

A. 2.5　　　　　B. 20　　　　　C. 12.5　　　　　D. 10

3. 市区某企业（一般纳税人）2023 年 6 月缴纳进口关税 7.5 万元，进口环节增值税 15 万元，进口环节消费税 26.47 万元；本月境内经营业务实际缴纳增值税 66 万元，消费税 98 万元。在税务检查过程中，税务机关发现，该企业所属运输部门上月隐瞒收入 13.64 万元（不含税），本月被查补相关税金，收到上月报关出口自产货物应退增值税 35 万元。该企业 6 月应纳城市维护建设税税额为（　　　）万元。

A. 9.56　　　　　B. 11.66　　　　　C. 11.56　　　　　D. 12.28

4. 取得下列收入时，应缴纳城市维护建设税的是（　　　）。

A. 企业接受的捐赠收入　　　　　B. 个人的稿酬收入

C. 外商投资企业进口货物收入　　　　　D. 企业出租房屋收入

5. A 企业地处市区，2023 年 4 月缴纳增值税 30 万元，当月委托位于县城的 B 企业加工应税消费品，B 企业代收消费税 3 万元。A 企业应缴纳城市维护建设税（含代扣代缴）（　　　）万元。

A. 2.25　　　　　B. 2.31　　　　　C. 2.1　　　　　D. 0.21

6. 设在某市的旅行社（一般纳税人）5 月份组织 5 次国内游团，收取旅游费 80 000 元，其中替旅游者支付给其他单位的各项费用为 20 000 元，改由其他旅游企业接待 3 个团，转付旅游费 20 000 元，支付的费用均取得合法凭证。该旅行社应缴纳

城市维护建设税（　　）元。

A.316.98　　　　　　B.280　　　　　　C.158.49　　　　　　D.210

二、多项选择题

1.位于县城的某木制品生产企业（一般纳税人）2023年3月份委托位于市区的一家加工厂（一般纳税人）为其加工一批实木地板，木制品生产企业提供的原材料价值为20 000元（不含增值税），受托方收取加工费8 000元（不含增值税）。当月木制品生产企业将该批地板全部收回。则下列说法中，正确的有（　　）。（已知实木地板消费税税率为5%，加工厂无同类售价）

A.受托方应缴纳的城市维护建设税为72.80元

B.受托方应缴纳的城市维护建设税为103.16元

C.受托方应代收代缴的教育费附加为44.21元

D.受托方应代收代缴的城市维护建设税为103.16元

2.下列各项中，属于城市维护建设税计税依据的有（　　）。

A.偷逃增值税而被查补的税款　　　　　　B.偷逃消费税而加收的滞纳金

C.出口货物免抵的增值税税额　　　　　　D.进口产品征收的消费税税额

三、计算题

1.某市汽车制造厂（增值税一般纳税人）2023年8月购进原材料等，取得的税控增值税专用发票上注明税款共600万元，专用发票经过税务机关的认证。销售汽车取得销售收入（含税）8 000万元；汽车租赁业务取得收入20万元（不含税）；汽车运输业务取得收入20万元（不含税）。该厂分别核算汽车、租赁业务和运输业务销售额。

要求：请分别计算该厂当期应缴纳的增值税、消费税和城市维护建设税。（该厂汽车适用的消费税税率为9%）

2.某市一生产企业为增值税一般纳税人。本期进口原材料一批，向海关缴纳进口环节增值税10万元；本期在国内销售甲产品缴纳增值税30万元、消费税50万元，消费税滞纳金1万元；本期出口乙产品一批，按规定退回增值税5万元。

要求：请计算该企业本期应缴纳的城市维护建设税。

第四节　城市维护建设税的税收优惠及征收管理

一、单项选择题

1.下列各项中,符合城市维护建设税规定的是(　　)。

A.因减免税而需进行"两税"退库的,可同时退还城市维护建设税

B.缴纳增值税的企业都应缴纳城市维护建设税

C.海关对进口产品代征增值税、消费税的,也代征城市维护建设税

D.对出口产品退还增值税、消费税的,退还已缴纳的城市维护建设税

2.下列各项中,符合城市维护建设税纳税地点规定的有(　　)。

A.取得输油收入的管道局,为管道局所在地

B.流动经营无固定纳税地点的单位,为单位注册地

C.流动经营无固定纳税地点的单位,为居住地

D.跨省开采的油井,下属生产单位与核算单位不在一个省内生产的原油,在核算地纳税

3.设在县城的B企业按税法的规定代收代缴设在镇的A企业的消费税,则下列说法中,正确的是(　　)。

A.由B企业按5%的税率代收代扣城市维护建设税

B.由A企业按5%的税率回所在地缴纳

C.由B企业按7%的税率代收代扣城市维护建设税

D.由A企业按7%的税率自行缴纳城市维护建设税

4.A市一家生产企业在2023年5月,计算出口货物应退税额17万元,免抵税额为30万元,当月进口货物向海关缴纳增值税18万元、消费税22万元。该企业当月应缴纳城市维护建设税(　　)万元。

A.4.90　　　　　　　B.1.54　　　　　　　C.3.71　　　　　　　D.2.10

5.下面有关城市维护建设税的说法中,不正确的是(　　)。

A.城市维护建设税的纳税期限分别同"两税"的纳税期限一致

B.城市维护建设税是由税务局征收管理的

C.增值税实行先征后返的,城市维护建设税也同时返还

D.进口产品不缴纳城市维护建设税

二、多项选择题

1.下列各项中,符合城市维护建设税规定的有(　　)。

A.凡缴纳增值税、消费税的企业都应缴纳城市维护建设税

B.凡缴纳增值税、消费税和关税的国内企业都应缴纳城市维护建设税

C.对出口产品退还增值税、消费税的,不退还城市维护建设税

D. 海关对进口产品代征的增值税、消费税，不征收城市维护建设税

2. 以下关于城市维护建设税税收优惠政策规定的说法，正确的有（　　）。

A. 按规定先征后退的增值税，不退还已缴纳的城市维护建设税

B. 按规定先征后返的增值税，不退还已缴纳的城市维护建设税

C. 对软件开发企业即征即退的增值税，可以在退还增值税时，同时退还随增值税附征的城市维护建设税

D. 城市维护建设税原则上是不单独减免的，但因城市维护建设税具有附加税性质，所以当主税发生减免时，城市维护建设税相应发生减免

3. 某市区纳税人 2023 纳税年度无故拖欠了消费税 20 万元，经查出后，补交了拖欠的消费税，同时加罚了滞纳金 1 200 元。下列说法正确的有（　　）。

A. 该纳税人应补缴城市维护建设税 14 000 元

B. 该纳税人应补缴城市维护建设税 10 000 元

C. 该纳税人应补交滞纳金 84 元

D. 该纳税人应补交滞纳金 42 元

第五节　教育费附加

一、单项选择题

1. 某县城一加工企业 2023 年 8 月份因进口半成品缴纳增值税 120 万元，境内销售产品缴纳增值税 280 万元，当月又因出租有形动产业务缴纳增值税 2 万元。该企业本月应缴纳的城市维护建设税和教育费附加为（　　）万元。

A.22.56　　　　　　B.25.60　　　　　　C.28.20　　　　　　D.35.20

2. 流动经营的单位，在经营地缴纳"两税"的，其教育费附加应在（　　）缴纳。

A. 经营地按当地适用税率计算

B. 机构所在地按当地适用税率计算

C. 经营地但按机构所在地适用税率计算

D. 机构所在地但按经营地适用税率计算

3. 某市一企业 2023 年 3 月被查补增值税 4 000 元、消费税 2 000 元、所得税 5 000 元，被加收滞纳金 800 元，被处罚款 1 200 元。该企业应补缴的城市维护建设税和教育费附加为（　　）元。

A.1 100　　　　　　B.600　　　　　　C.800　　　　　　D.680

二、多项选择题

1. 教育费附加的纳税义务人有（　　）。

A. 需要缴纳增值税的国有企业　　　　　　B. 需要缴纳增值税的集体企业

C.需要缴纳增值税的事业单位　　　　　D.需要缴纳增值税的外国企业

2.某市建筑公司提供建筑业劳务取得收入,其应当缴纳 (　　　)。

A.增值税　　　　　　　　　　　　　B.房产税

C.城市维护建设税　　　　　　　　　D.教育费附加

3.下列说法中,符合教育费附加规定的有 (　　　)。

A.纳税人缴纳"两税"的地点,就是该纳税人缴纳教育费附加的地点

B.缴纳增值税的企业都应缴纳教育费附加

C.海关对进口产品代征的增值税、消费税,不征收教育费附加

D.纳税人因延迟缴纳而补缴"两税"的,不需要补缴教育费附加

4.某位于市区的缝纫企业(增值税一般纳税人),于2023年5月份提供加工劳务取得的收入为70 000元,销售缝纫制品取得的收入为4 000元,上述业务均开具增值税专用发票,收入为不含税收入。有关该缝纫企业在2023年5月缴纳的税费,下列说法中,正确的有 (　　　)。

A.应当缴纳增值税9 620元　　　　　B.应当缴纳消费税3 500元

C.应当缴纳城市维护建设税673.4元　　D.应当缴纳教育费附加288.6元

5.下列有关教育费附加的说法中,正确的有 (　　　)。

A.教育费附加采用比例税率

B.教育费附加以实际缴纳的增值税、消费税为计税依据

C.进口货物需要缴纳教育费附加

D.出口货物退还已经缴纳的教育费附加

三、计算题

1.某市区甲公司(增值税一般纳税人)2023年12月取得不含税销售货物收入120 000元,当月无进项税额可抵扣。另外本月该企业在税务机关的纳税检查中被税务机关查补增值税4 500元、消费税2 500元、所得税30 000元,还被加收滞纳金2 000元,被处罚款50 000元。

要求:请计算甲公司本月应缴纳的城市维护建设税及教育费附加。

2.某企业2023年3月份销售应税货物缴纳增值税34万元、消费税12万元,出售房产缴纳增值税10万元、土地增值税4万元。

要求:请计算该企业3月应缴纳的教育费附加。

第五章　助力美丽中国建设的绿色税收

第一节　资源税的征税范围及纳税人

一、单项选择题

1.下列各项中，属于资源税应税产品的是（　　）。

A.原煤

B.居民生活用煤

C.已税原煤加工的洗选煤

D.进口原油

2.根据资源税的有关规定，下列行为中，不需要在我国缴纳资源税的是（　　）。

A.个体工商户在境内开采天然气

B.外商投资企业在境内开采煤炭资源

C.境内某企业销售外购的有色金属矿原矿

D.境内某盐场销售生产的固体盐

3.下列企业中，既是增值税纳税人又是资源税纳税人的是（　　）。

A.销售有色金属矿产品的贸易公司

B.进口有色金属矿产品的企业

C.在境内开采有色金属矿产品的企业

D.在境外开采有色金属矿产品的企业

二、多项选择题

1.下列各项中，属于资源税纳税人的有（　　）。

A.在中国境内开采原煤销售的国有企业

B.在中国管辖海域开采原油销售的油田

C.在中国境内生产食用盐销售的工业企业

D.进口天然原油的军事单位

E.出口自产铜矿原矿的独立矿山

2.下列各项中，属于资源税征收范围的有（　　）。

A.人造原油

B.井矿盐

C.岩金矿

D.地下水

E.已税原煤加工的洗选煤

3.下列关于资源税的说法中，不正确的有（　　　）。

A.开采原煤和进口原煤均需要缴纳资源税

B.资源税纳税人不仅限于企业

C.开采的矿产品直接出口，不需要缴纳资源税

D.在中华人民共和国领域开采或者生产应税产品的单位和个人，为资源税的纳税人

E.收购未税矿产品的单位和个人是资源税的代扣代缴义务人

三、判断题

1.出口自产铜矿原矿的独立矿山无须缴纳资源税。　　　　　　　　　　（　　）

2.自2016年7月1日起，我国开展水资源税改革试点工作。　　　　　　（　　）

3.目前资源税代扣代缴的适用范围是指收购的除原油、天然气、煤炭以外的资源税未税矿产品。　　　　　　　　　　　　　　　　　　　　　　　　　　　（　　）

第二节　资源税的税目与税率

一、单项选择题

1.下列各项中，不属于资源税征税范围的是（　　　）。

A.天然原油　　　　　　　　　　　　B.黑色金属矿原矿

C.煤矿生产的天然气　　　　　　　　D.以未税原煤加工的洗选煤

2.根据资源税的有关规定，不属于征收资源税范围的固体盐的是（　　　）。

A.食用盐　　　　　B.海盐原盐　　　　C.湖盐原盐　　　　D.井矿盐

3.资源税纳税人开采或者生产不同税目应税产品的，应当分别核算不同税目应税产品的销售额或者销售数量；未分别核算或者不能准确提供不同税目应税产品的销售额或者销售数量的，（　　　）。

A.从高适用税率

B.从低适用税率

C.由主管税务机关核定不同税目应税产品的销售额或者销售数量，按各自的税率分别计算纳税

D.由财政部核定

二、多项选择题

1.根据资源税的有关规定，下列各项中，说法正确的有（　　　）。

A.在确定伴生矿资源税税额时，以主产品的元素成分作为定额的主要考虑依据，不需要考虑副产品的元素成分及有关因素，以主产品的矿石名称作为应税品目

B.伴采矿量大的，由各省、自治区、直辖市人民政府根据规定对其核定资源税

单位税额标准

C. 对于以精矿伴选出的副产品不征收资源税

D. 岩金矿选冶后形成的尾矿进行再利用的，一律按照原矿计征资源税

2. 根据资源税法律制度的规定，下列应税产品中，采用从价定率方式计征资源税的有（　　　）。

A. 原油　　　　　　B. 稀土　　　　　　C. 海盐　　　　　　D. 粘土

3. 按照现行政策的规定，下列有关资源税税率的表述中，正确的有（　　　）。

A. 经营分散的粘土采用从量定额方式计征资源税

B. 以现金交易为主的砂石采用从价计征方式征收资源税

C. 资源税的计征方式主要由省级人民政府确定

D. 对未列举名称的其他非金属矿产品改为从价计征资源税

三、判断题

1. 现行资源税税率形式包括定额税率和比率税率两种。　　　　　　（　　　）

2. 资源税纳税人开采或者生产不同税目应税产品的，应当分别核算不同税目应税产品的销售额或者销售数量，未分别核算或者不能准确提供不同税目应税产品的销售额或者销售数量的，从高适用税率。　　　　　　　　　　　　　　　　（　　　）

3. 未列举名称的其他金属和非金属矿产品，按照从价为主、从量为辅的原则，由省级人民政府确定具体税目和适用税率，报财政部、国家税务总局核准。　（　　　）

第三节　资源税的计税依据及应纳税额的计算

一、单项选择题

1. 某煤矿生产企业 2023 年 3 月份开采原煤 6 000 吨，当月采用分期收款方式向某供热公司销售原煤 3 000 吨，约定销售总价款为 330 000 元（不含税），双方签订的销售合同规定，本月收取全部货款的三分之一，其余货款在下月一次性付清。已知原煤适用的资源税税率为 6%。该煤矿企业当月应缴纳资源税（　　　）元。

A. 6 600　　　　　　B. 19 800　　　　　　C. 16 923　　　　　　D. 11 282

2. 某煤矿 2023 年 3 月开采原煤 20 万吨，当月将其中 4 万吨对外销售，取得不含增值税销售额 400 万元；将其中 3 万吨原煤用于职工宿舍；将其中的 5 万吨原煤自用于连续生产洗选煤，生产出来的洗选煤当月全部销售，取得不含增值税销售额 900 万元（含矿区至车站的运费 100 万元，取得运输方开具的凭证）。已知煤炭资源税税率为 6%，当地省财税部门确定的洗选煤折算率为 70%，则该煤矿当月应缴纳资源税（　　　）万元。

A. 120　　　　　　B. 88.9　　　　　　C. 79.8　　　　　　D. 75.6

3. 某油气开采企业为增值税一般纳税人，2023 年 3 月开采原油 6 万吨，当期对外

销售5万吨，取得不含税销售额5 000万元；另将剩余1万吨用于开采原油时加热和修理油井。在开采原油的同时开采天然气100万立方米，当期对外销售80万立方米，共取得不含税销售额150万元，另将剩余20万立方米用于换取一批机器设备，则该油气开采企业2023年3月应缴纳资源税（　　　　）万元。（已知原油、天然气适用的资源税税率为6%）

　　A.311.25　　　　　　　B.371.25　　　　　　　C.309　　　　　　　　D.369

4.下列关于资源税计税依据的说法中，不正确的是（　　　　）。

A.资源税计税依据包括向购买方收取的优质费

B.向购买方收取的违约金不作为资源税的计税依据

C.实行从量定额征收资源税的，以销售数量为计税依据

D.纳税人开采应税矿产品由其关联单位对外销售的，按其关联单位的销售额征收资源税

5.纳税人在采用外币结算销售额计算资源税时，应事先确定采用何种折算率计算方法，确定后（　　　　）内不得变更。

　　A.1年　　　　　　　　B.2年　　　　　　　　C.3年　　　　　　　　D.5年

6.下列各项中，属于资源税计税依据的是（　　　　）。

A.纳税人开采销售原油时的原油数量

B.纳税人销售天然气时向对方收取的价外费用

C.纳税人加工固体盐时使用的自产液体盐的数量

D.纳税人销售天然气时向购买方收取的销售额及其储备费

二、多项选择题

1.下列关于资源税从价定率征收计税依据的说法中，正确的有（　　　　）。

A.与稀土共生、伴生的铁矿石，在计征铁矿石资源税时，准予扣减其中共生、伴生的稀土矿石数量

B.纳税人开采并销售稀土原矿的，将原矿销售额（不含增值税）换算为精矿销售额计算缴纳资源税

C.对同一种应税产品，征税对象为精矿的，纳税人销售原矿时，应将原矿销售额换算为精矿销售额缴纳资源税

D.洗选煤销售额不包括洗选副产品的销售额

E.纳税人将其开采的原矿连续生产非精矿产品的，视同销售原矿，依照有关规定计算缴纳资源税

2.下列关于资源税从量定额征收计税依据的说法中，正确的有（　　　　）。

A.一般取用水按照实际取用水量征税

B.纳税人开采或者生产应税产品自用于连续生产应税产品的，不缴纳资源税

C.对于连续加工前无法准确计算原煤移送使用量的，可按加工产品的综合回收率，将加工产品实际销量和自用量折算成的原煤数量作为课税数量

D. 销售数量，包括纳税人开采或者生产应税产品的实际销售数量和视同销售的自用数量

E. 水资源的计税依据一律为实际取用水量

3. 下列关于煤炭资源税的表述中，正确的有（　　）。

A. 纳税人将其开采的原煤，自用于除连续生产洗选煤的，在原煤移送使用环节不缴纳资源税

B. 纳税人将其开采的原煤加工为洗选煤销售的，以洗选煤销售额乘以折算率作为应税煤炭销售额，计算缴纳资源税

C. 洗选煤销售额包括洗选副产品的销售额，不包括洗选煤从洗煤厂到车站、码头等的运输费用

D. 纳税人将其开采的原煤自用于其他方面和将其开采的原煤加工为洗选煤自用的，均视同销售缴纳资源税

E. 销售已税原煤加工的洗选煤应按洗选煤的销售额计税

4. 税法规定，对同时符合下列（　　）条件的运杂费用，纳税人在计算应税产品计税销售额时，可予以扣减。

A. 包含在应税产品销售收入中

B. 运送应税产品从坑口或者洗选（加工）地到车站、码头或者购买方指定地点的运杂费用

C. 取得相关运杂费用发票或者其他合法有效凭据

D. 运杂费用与计税销售额未分别核算

E. 将运杂费用与计税销售额分别进行核算

5. 稀土、钨、钼实行从价计征资源税，其计税销售额包括（　　）。

A. 资源税　　　　　　　　　　　B. 增值税销项税额

C. 优质费　　　　　　　　　　　D. 延期付款利息

E. 赔偿金

三、判断题

1. 纳税人将其开采的原煤，自用于连续生产洗选煤的，在原煤移送使用环节不缴纳资源税。　　　　　　　　　　　　　　　　　　　　（　　）

2. 纳税人将其开采的原煤加工为洗选煤销售的，以洗选煤销售额乘以折算率作为应税煤炭销售额计算缴纳资源税。　　　　　　　　　　　　（　　）

3. 与稀土共生、伴生的铁矿石，在计征铁矿石资源税时，准予扣减其中共生、伴生的稀土矿石数量。　　　　　　　　　　　　　　　　　（　　）

4. 洗选煤销售额不包括洗选副产品的销售额。　　　　　　　　　（　　）

5. 纳税人与其关联企业之间的业务往来，应按独立企业之间的业务往来收取或支付价款、费用；否则，减少其计税销售额的，税务机关可进行合理调整。（　　）

四、计算题

1.某煤矿为增值税一般纳税人,2023年3月发生下列业务:

(1)开采原煤40 000吨;

(2)采取托收承付方式销售原煤480吨,每吨不含税售价为150元,货款已收讫;

(3)销售未税原煤加工的选煤60吨,每吨不含税售价300元(含每吨收取50元装卸费,能够取得相应的凭证),当月还将生产的5吨选煤用于职工宿舍取暖,该煤矿原煤与选煤的折算率为60%,当月将17吨选煤赠送给某关联单位;

(4)销售开采原煤过程中生产的天然气45 000立方米,取得不含税销售额67 000元,并收取优质费1 016元。

已知:该煤矿原煤资源税税率为5%;天然气资源税税率为6%。

要求:根据上述资料回答下列问题,计算结果保留至小数点后两位。

(1)计算业务(1)应缴纳的资源税。

(2)计算业务(2)应缴纳的资源税。

(3)计算业务(3)应缴纳的资源税。

(4)计算当月共计应缴纳的资源税。

2.某开采企业为增值税一般纳税人,开采稀土原矿及共生铁矿石,2023年3月发生下列业务:

(1)开采稀土原矿550吨,本月对外销售200吨,每吨不含税价格为0.5万元。

(2)将开采的部分稀土原矿连续加工为精矿,本月对外销售稀土精矿100吨,每吨不含税价格为1.5万元,向购买方一并收取从矿区到指定运达地的运费1万元。

(3)本月将同时开采的铁矿石精矿800吨销售,每吨不含税价格为0.04万元,由于购货方延期付款,收到延期付款利息2万元。

(4)以部分稀土原矿作价70.20万元(含税)抵偿所欠供应商货款。

已知:按照市场法计算资源税,稀土矿原矿与精矿换算比为2,稀土精矿资源税税率为11.5%;铁矿精矿资源税税率为5%。

要求:根据上述资料回答下列问题,计算结果保留至小数点后两位。

(1)计算业务(1)应缴纳的资源税。

(2)计算业务(2)应缴纳的资源税。

(3)计算业务(3)应缴纳的资源税。

(4)计算业务(4)应缴纳的资源税。

3.某石化生产企业为增值税一般纳税人，该企业原油生产成本为 1 400 元/吨，最近时期同类原油的平均不含税销售单价为 1 650 元/吨，2023 年 3 月生产经营业务如下：

（1）开采原油 8 万吨，采用直接收款方式销售原油 5 万吨，取得不含税销售额 8 250 万元，另外收取含税优质费 9.28 万元。

（2）将开采的原油 1.2 万吨对外投资，取得 10% 的股份，开采原油过程中修井用原油 0.1 万吨；用开采的同类原油 2 万吨，送非独立炼油部门加工生产成品油。

（3）2 月份采用分期收款方式销售原油 5 万吨，合同约定分 3 个月等额收回价款，每月应收不含税销售额为 2 800 万元，3 月按照合同约定收到本月应收款项并收到上月应收未收含税价款 116 万元及违约金 4.64 万元。

已知：原油成本利润率为 10%，资源税税率为 6%。

要求：根据上述资料回答下列问题，计算结果保留至小数点后两位。

（1）计算业务（1）应缴纳的资源税。

（2）计算业务（2）应缴纳的资源税。

（3）计算业务（3）应缴纳的资源税。

4.某联合企业为增值税一般纳税人，2023 年 3 月生产经营情况如下：

（1）专门开采天然气 45 000 千立方米，开采原煤 450 万吨。

（2）销售原煤 280 万吨，取得不含税销售额 148 400 万元。

（3）以原煤直接加工洗煤 120 万吨，全部对外销售，取得不含税销售额 72 000 万元。

（4）企业职工食堂领用原煤 2 500 吨，同类产品不含增值税市场售价为 132.5 万元。

（5）销售天然气 37 000 千立方米，取得不含税销售额 7 400 万元。

已知：原煤资源税税率为 5%，天然气资源税税率为 6%，洗选煤的折算率为 70%。

要求：根据上述资料回答下列问题。

（1）计算业务（2）应缴纳的资源税。

（2）计算业务（3）和业务（4）应缴纳的资源税。

（3）计算企业当月应缴纳的资源税。

第四节　资源税的征收管理

一、单项选择题

1.根据资源税的相关规定,下列说法中,正确的是 (　　)。

A.油田范围内运输稠油过程中用于加热的原油、天然气,减半征收资源税

B.对深水油气田资源税减征50%

C.对实际开采年限在15年以上的衰竭期矿山开采的矿产资源,资源税减征30%

D.对依法在建筑物下通过充填开采方式采出的矿产资源,资源税减征30%

2.根据资源税的相关规定,下列表述中,不正确的是 (　　)。

A.纳税人以1个月为一期纳税的,自期满之日起10日内申报纳税

B.纳税人以自采原矿加工金锭的,在金锭销售或自用时缴纳资源税

C.纳税人应当向矿产品的开采地或盐的生产地缴纳资源税

D.纳税人应纳的资源税属于跨省开采,其下属生产单位与核算单位不在同一省、自治区、直辖市的,对其开采或者生产的应税产品,一律在核算单位所在地纳税

3.企业生产或开采的下列资源产品中,不征或免征资源税的是 (　　)。

A.对油田范围内运输稠油过程中用于加热的原油、天然气

B.深水油气田开采的天然气

C.高含硫天然气

D.高凝油

二、多项选择题

1.下列关于资源税纳税义务发生时间的表述中,正确的有 (　　)。

A.纳税人采取分期收款结算方式销售应税产品的,其纳税义务发生时间为销售合同规定的收款日期的当天

B.纳税人采取直接收款方式销售应税产品的,其纳税义务发生时间为收讫销售款或者取得索取销售款凭证的当天

C.纳税人采取预收货款结算方式销售应税产品的,其纳税义务发生时间为收到预收款的当天

D.纳税人自产自用应税产品的,其纳税义务发生时间为移送使用应税产品的当天

2.根据资源税的有关规定,下列表述中,不正确的有 (　　)。

A.资源税只对特定资源征税

B.纳税人开采或者生产不同税目应税产品,未分别核算销售额或者销售数量的,由财政部核定具体适用税率

C.纳税人以1个月为一期纳税的,自期满之日起15日内申报缴纳资源税

D.纳税人将其开采的原煤加工为洗选煤自用的，视同销售洗选煤，计算缴纳资源税

3.下列关于资源税纳税地点的说法中，正确的有（　　）。

A.扣缴义务人代扣代缴资源税应当向收购地主管税务机关缴纳

B.海洋原油资源税向国家税务总局海洋石油税务管理机构缴纳

C.煤矿资源税在开采地缴纳

D.煤矿资源税在销售地缴纳

E.煤矿资源税在消费地缴纳

4.下列关于资源税申报与缴纳的说法中，正确的有（　　）。

A.海洋原油、天然气资源税，向国家税务总局海洋石油税务管理机构缴纳

B.对规定限额内的农业生产取用水，免征水资源税

C.纳税人应纳的矿产资源税，应当向应税矿产资源的开采或生产所在地主管税务机关缴纳

D.不定期开采矿产品的纳税人，可以按次计算缴纳资源税

E.纳税人在本省范围内开采应税资源，纳税地点需要调整的，由省级人民政府决定

5.扣缴义务人代扣代缴资源税税款的，其纳税义务发生时间为（　　）。

A.收到应税产品的当天

B.付清尾款的当天

C.支付首笔货款的当天

D.合同约定的付款日期当天

E.首次开具支付货款凭据的当天

三、判断题

1.纳税人应纳的资源税属于跨省开采，其下属生产单位与核算单位不在同一省、自治区、直辖市的，对其开采或者生产的应税产品，一律在开采地或者生产地纳税。
（　　）

2.对依法在建筑物下通过充填开采方式采出的矿产资源，资源税减征30%。
（　　）

3.开采原油过程中用于加热、修井的原油，免征资源税。（　　）

4.充填开采置换出来的煤炭，资源税减征50%。（　　）

5.对取用污水处理回用水、再生水等非常规水源，免征水资源税。（　　）

第五节　环境保护税

一、单项选择题

1.《中华人民共和国环境保护税法》规定，环境保护税的征收机关为（　　）。

A.应税污染物排放地税务机关

B.应税污染物排放地环保机关

C.纳税人机构所在地税务机关

D.纳税人机构所在地环保机关

2.《中华人民共和国环境保护税法》规定，环境保护税（　　　）。

A.按月计算，按季申报　　　　　　　　B.按月计算，按月申报

C.按季计算，按季申报　　　　　　　　D.按月计算，按年申报

3.下列关于应税污染物计税依据的说法中，不正确的是（　　　）。

A.应税大气污染物按照污染物排放量折合的污染当量数确定

B.应税水污染物按照污染物排放量折合的污染当量数确定

C.应税固体废物按照固体废物排放量折合的污染当量数确定

D.应税噪声按照超过国家规定标准的分贝数确定

4.环境保护税的纳税义务发生时间为（　　　）。

A.纳税人被人举报污染环境的当日

B.纳税人排放应税污染物的当日

C.纳税人污染环境被税务机关发现的当日

D.纳税人排放应税污染物的次日

5.下列各项中，不是环境保护税的征收对象的是（　　　）。

A.水污染物　　　　B.大气污染物　　　　C.砍伐森林　　　　D.固体废物

6.下列各项中，不属于环境保护税的计税单位的是（　　　）。

A.每污染当量　　　B.每立方米　　　　C.每吨　　　　D.超标分贝

7.根据《中华人民共和国环境保护税法》的规定，环境保护税采用的税率形式是（　　　）。

A.比例税率　　　　B.定额税率　　　　C.超额累进税率　　　D.超率累进税率

二、多项选择题

1.下列关于环境保护税应纳税额计算的表述中，正确的有（　　　）。

A.应税大气污染物的应纳税额为污染物排放量乘以具体适用税额

B.应税水污染物的应纳税额为污染当量数乘以具体适用税额

C.应税固体废物的应纳税额为固体废物排放量乘以具体适用税额

D.应税噪声的应纳税额为超过国家规定标准的分贝数对应的具体适用税额

2.下列关于环境保护税税目的表述中，正确的有（　　　）。

A.石棉尘属于大气污染物

B.建筑施工噪声属于噪声污染

C.城市洗车行业排放的污水属于水污染物

D.煤矸石属于固体废物

3.下列关于减征环境保护税的说法中，正确的有（　　　）。

A.纳税人排放应税大气污染物或者水污染物的浓度值低于国家和地方规定的污染物排放标准20%的，减按75%征收环境保护税

B.纳税人排放应税大气污染物或者水污染物的浓度值低于国家和地方规定的污染物排放标准30%的，减按75%征收环境保护税

C.纳税人排放应税大气污染物或者水污染物的浓度值低于国家和地方规定的污染物排放标准40%的，减按75%征收环境保护税

D.纳税人排放应税大气污染物或者水污染物的浓度值低于国家和地方规定的污染物排放标准50%的，减按50%征收环境保护税

4.环境保护税按（　　）申报缴纳。

A.季　　　　　　　　B.月　　　　　　　　C.年　　　　　　　　D.次

5.应税大气污染物、水污染物、固体废物的排放量和噪声的分贝数，按照（　　）方法和顺序计算。

A.纳税人安装使用符合国家规定和监测规范的污染物自动监测设备的，按照污染物自动监测数据计算

B.纳税人未安装使用污染物自动监测设备的，按照监测机构出具的符合国家有关规定和监测规范的监测数据计算

C.因排放污染物种类多等原因不具备监测条件的，按照国务院生态环境保护部门规定的排污系数、物料衡算方法计算

D.因排放污染物种类多等原因不具备监测条件的，按照各地方人民政府生态环境保护部门规定的抽样测算的方法核定计算

6.根据环境保护税的规定，应税污染物排放地是指（　　）。

A.应税大气污染物排放口所在地　　　　　B.应税水污染物排放口所在地

C.应税固体废物产生地　　　　　　　　　D.应税大气污染物排放单位所在地

三、计算题

1.某企业8月向大气直接排放二氧化硫、氟化物各10千克，一氧化碳、氯化氢各100千克，假设大气污染物每污染当量税额按《环境保护税税目税额表》最低标准1.2元计算，该企业只有一个排放口。（上述气体污染当量值依次为0.95、0.87、16.7、10.75）

要求：计算该企业8月排放大气污染物应缴纳的环境保护税税额（结果保留至小数点后两位）。

2.甲化工厂是环境保护税纳税人，该厂仅有1个污水排放口且直接向河流排放污水，已安装使用符合国家规定和监测规范的污染物自动监测设备。检测数据显示，该排放口2023年2月共排放应税污染物六价铬30千克。

要求：计算该化工厂2月份应缴纳的环境保护税税额（该厂所在省的水污染物税率为2.8元/污染当量，六价铬的污染当量值为0.02）。

3.假设某工业企业只有一个生产场所，只在昼间生产，边界处声环境功能区类型为1类，生产时产生噪声为60分贝，《工业企业厂界环境噪声排放标准》规定1类功能区昼间的噪声排放限值为55分贝，当月超标天数为14天。（超标4~6分贝，税额每月700元）

要求：计算该企业当月噪声污染应缴纳的环境保护税税额。

第六章 支持地方经济发展的土地增值税

第一节 征税范围及纳税人

一、单项选择题

1.下列行为中，属于土地增值税征税范围的是（ ）。

A.政府向国有企业划转土地使用权

B.事业单位出租闲置房产

C.村委会自行转让土地

D.企业以房地产抵债

2.下列关于土地增值税的表述中，正确的是（ ）。

A.土地增值税只针对土地使用权的转让行为征税

B.在土地使用权转让过程中，如果没有取得收入，就不用缴纳土地增值税

C.土地增值税所有扣除项目金额可以不根据合法有效的凭证据实扣除

D.土地增值税清算审核方式分案头审核和实地审核两种

3.对于转让集体土地使用权的行为，下列说法中，正确的是（ ）。

A.应减免征收土地增值税　　　　　　B.不属于土地增值税征税范围

C.应进行土地增值税预缴　　　　　　D.应进行土地增值税清算

4.下列各项中，不属于判断是否属于土地增值税征税范围标准的是（ ）。

A.是否取得收入或其他经济利益

B. 土地使用权、地上建筑物及其附着物的产权是否发生转让

C. 转让的是否为国有土地使用权

D. 是否拥有对土地的所有权

5. 下列各项中，不属于土地增值税纳税人的是（　　　　）。

A. 与国有企业换房的外资企业

B. 建房后出售房产的合作企业

C. 转让国有土地使用权的企业

D. 办公楼用于出租的外商投资企业

6. 下列房地产转让行为中，应征收土地增值税的是（　　　　）。

A. 继承房屋

B. 将房屋无偿赠与直系亲属

C. 被兼并企业将房屋并入兼并企业中

D. 合作建房有偿转让

7. 下列行为中，属于土地增值税征税范围的是（　　　　）。

A. 政府向国有企业划转土地使用权

B. 事业单位出租闲置房产

C. 村委会自行转让土地

D. 企业以房地产抵债

二、多项选择题

1. 土地增值税的纳税人是指转让国有土地使用权、地上建筑物及其附着物并取得收入的单位和个人，具体包括（　　　　）。

A. 企事业单位　　　　　　　　　　B. 国家机关

C. 国有企业　　　　　　　　　　　D. 外商投资企业

2. 下列各项中，属于土地增值税征税范围的有（　　　　）。

A. 转让国有土地使用权　　　　　　B. 出让国有土地使用权

C. 转让地上建筑物产权　　　　　　D. 转让地上附着物产权

3. 下列事项中，属于土地增值税征收范围的有（　　　　）。

A. 美国人凯文将中国境内一处房产赠与好友

B. 企业为办理银行贷款将厂房进行抵押

C. 房地产开发公司受托对某企业闲置厂房进行改造

D. 居民个人之间交换非居住用房产

4. 下列情形中，征收土地增值税的有（　　　　）。

A. 企业将自有土地使用权交换其他企业的股权

B. 房产所有人将房屋产权赠与直系亲属

C. 个人之间互换自有居住用房地产

D. 企业之间等价互换自有房地产

5.下列各种情形，不征收土地增值税的是（　　）。

A.继承房地产

B.房地产评估增值

C.房地产公司的代建房行为

D.房地产开发企业将自建的商品房用于职工福利

第二节　计税依据

一、单项选择题

1.土地增值税的纳税人隐瞒、虚报房地产成交价格的，按照（　　）计算征收。

A.隐瞒、虚报的房地产成交价格加倍

B.提供的扣除项目金额加倍

C.最高一档税率

D.房地产评估价格

2.房地产开发公司支付的下列相关费用，不可以列入土地增值税加计20%扣除范围的是（　　）。

A.安置动迁用房支出　　　　　　B.支付建筑人员的工资福利费

C.开发小区内道路的建设费用　　D.销售过程中发生的销售费用

3.某企业开发房地产取得土地使用权所支付的金额为1 000万元；房地产开发成本为6 000万元；向金融机构借入资金的利息支出为400万元（能提供金融机构贷款证明且能按项目分摊），按规定能提供贷款证明的其他房地产开发费用为取得土地使用权所支付的金额与房地产开发成本之和的5%；该企业允许扣除的房地产开发费用为（　　）万元。

A.400　　　　　　　B.350　　　　　　　C.750　　　　　　　D.7 750

4.企业转让存量房，在计算土地增值税时，不准予扣除的项目是（　　）。

A.取得土地使用权所支付的金额　　B.旧房和建筑物的评估价格和评估费用

C.与转让房地产有关的税金　　　　D.加计扣除

5.某房地产开发公司开发一住宅项目，取得该土地使用权所支付的金额为3 000万元，房地产开发成本为4 000万元，利息支出为500万元（能提供金融机构贷款证明且能按项目分摊），所在省人民政府规定，能提供金融机构贷款证明的，其房地产开发费用扣除比例为4%，该公司计算土地增值税时允许扣除的开发费用为（　　）万元。

A.700　　　　　　　B.780　　　　　　　C.500　　　　　　　D.850

6.2023年4月，张某将2017年6月购入的商铺转让，取得不含增值税收入600万元，张某持有的购房增值税普通发票注明金额350万元，税额17.5万元，无法取得商铺评估价格。张某计算缴纳土地增值税时，可以加计扣除的金额为（　　）万元。

A.36.75　　　　　B.52.5　　　　　C.55.13　　　　　D.90

7.某国有企业2023年5月在市区购置一栋办公楼，支付价款8 000万元。8月，该企业将办公楼转让，取得不含增值税的收入10 000万元，签订产权转移书据。办公楼经税务机关认定的重置成本价为12 000万元，成新率70%。计算土地增值税时准予扣除的税金为60万元（不含印花税），该企业在缴纳土地增值税时计算的增值额为（　　）万元。

A.400　　　　　B.1 535　　　　　C.1 490　　　　　D.1 530

8.甲房地产开发企业于2023年3月份把其市场价值1 000万元的商品房通过省政府无偿赠与贫困小学，该商品房开发成本为800万元，甲企业应缴纳的土地增值税为（　　）万元。

A.0　　　　　B.200　　　　　C.50　　　　　D.100

9.下列项目中，不属于土地增值税的纳税人转让房地产取得应税收入的是（　　）。

A.无形资产收入　　B.货币收入　　　C.实物收入　　　D.租金收入

10.某企业2023年6月转让一幢2010年建造的办公楼，当时的造价为500万元。经房地产评估机构评定，该楼的重置成本价为3 000万元，成新度折扣率为六成。在计算土地增值税时，其评估价格为（　　）万元。

A.500　　　　　B.3 000　　　　　C.1 800　　　　　D.1 200

11.下列各项中，不属于计算土地增值税时房地产开发成本的是（　　）。

A.取得土地使用权所支付的地价款　　　B.前期工程费

C.建筑安装工程费　　　　　　　　　　D.基础设施费

12.在计算土地增值税时，下列各项中，属于房地产开发成本的是（　　）。

A.耕地占用税　　　B.借款利息费用　　　C.契税　　　D.土地出让金

13.下列各项中，不能计入为取得土地使用权所支付金额中扣除的是（　　）。

A.耕地占用税

B.为取得土地使用权缴纳的契税

C.按国家统一规定缴纳的过户手续费

D.为取得土地使用权支付的地价款

二、多项选择题

1.计算土地增值税时，下列各项费用中，准予从收入总额中扣除的有（　　）。

A.耕地占用税

B.开发小区的绿化费

C.安置动迁用房的支出

D.超过贷款期限的利息和加罚的利息支出

2.下列项目中，计征土地增值税时需要用评估价格来确定转让房地产收入、扣除项目金额的包括（　　）。

A.出售新房屋及建筑物的　　　　　　B.出售旧房屋及建筑物的

C.虚报房地产成交价格的　　　　　　D.以房地产进行投资联营的

3.按照土地增值税征收管理的有关规定，下列项目中，属于房地产评估机构应履行义务的有（　　）。

A.向税务机关提供房产买卖合同

B.向税务机关无偿提供与房地产评估有关的评估资料

C.按当地政府的要求按期报送房地产的价格评估结果

D.严格按税法规定的办法进行应纳税房地产的价格评估

4.在土地增值税扣除项目中，取得土地使用权所支付的金额，其形式有（　　）。

A.以出让方式取得土地使用权的，为支付的土地出让金等

B.以行政划拨方式取得土地使用权的，为评估机构的评估价值

C.以转让方式取得土地使用权的，为支付的地价款和有关费用

D.以转让方式取得土地使用权的，为支付的土地出让金

5.下列各项中，属于房地产开发费用的有（　　）。

A.前期工程费

B.房地产转让的增值税

C.房地产销售费用

D.房地产开发项目向金融机构的借款利息

6.在计算土地增值税时，属于允许扣除的利息支出的有（　　）。

A.超过贷款期限的利息部分和加罚的利息

B.8年以上的借款利息

C.向金融机构借款可按项目分摊的利息部分

D.超过国家规定上浮幅度的利息部分

7.土地增值税中，下列项目中，准予从转让收入额中据实扣除的有（　　）。

A.取得土地使用权所支付的金额　　　　B.土地征用及拆迁补偿费

C.各项利息支出　　　　　　　　　　　　D.管理费用

8.转让存量房的纳税人在确定扣除项目金额时，可以扣除的与房地产有关的税金包括（　　）。

A.教育费附加　　　　　　　　　　　　B.城市维护建设税

C.印花税　　　　　　　　　　　　　　D.企业所得税

9.房地产开发企业开发商品房并出售，在计算土地增值税的过程中，下列费用中，准予从收入总额中扣除的有（　　）。

A.开发小区内的排污、环卫、绿化支出

B.出售旧房的重置成本

C.从金融机构贷款超期支付的罚息

D.取得土地使用权支付的契税

10.房地产开发企业支付的下列相关税费，可列入加计20%扣除范围的

有（　　）。

A.取得土地使用权缴纳的契税

B.占用耕地缴纳的耕地占用税

C.销售过程中发生的销售费用

D.开发小区内的道路建设费用

三、计算题

某市房地产开发企业2023年度有关经营情况如下：

（1）2月1日，与当地建设银行签订借款合同一份，合同记载的借款金额为2 000万元，借款期限为10个月，到期日为11月30日。

（2）2月中旬，用借款2 000万元和自有资金800万元购得非耕地40 000平方米的使用权用于开发写字楼和商品房，合同上记载的土地使用权为60年，2月28日办完相关权属证件。

（3）第一期工程（"三通一平"和第一栋写字楼开发）于11月30日竣工，按合同约定支付建筑承包商全部土地的"三通一平"费用400万元和写字楼建造费用7 200万元。写字楼占地面积为12 000平方米，建筑面积为60 000平方米。

（4）截至12月31日，对外销售写字楼50 000平方米，全部签订了售房合同，每平方米售价为0.32万元，共计取得收入16 000万元（不含税价格），按售房合同规定，全部款项于12月31日均已收回，有关土地权证和房产证将于2023年为客户办理；其余10 000平方米与某企业合作投资兴办五星级酒店，共担风险，该酒店2023年由于刚开业出现亏损，未进行利润分配。

（5）在售房过程中发生销售费用1 500万元，发生管理费用（不含印花税）900万元。

（说明：土地增值税开发费用的扣除比例为10%）

要求：

（1）计算征收土地增值税时应扣除的取得土地使用权支付的金额。

（2）计算征收土地增值税时应扣除的开发成本。

（3）计算征收土地增值税时应扣除的开发费用和其他项目。

（4）哪些项目要缴纳土地增值税，哪些不需要缴纳土地增值税？

第三节　税率及应纳税额的计算

一、单项选择题

1.某单位转让一幢已经使用过的楼房，售价为500万元。该楼房原价为600万元，已计提折旧400万元。经房地产评估机构评估，该楼房重置成本价为800万元（不含税），成新度为五成。转让时缴纳各种税费共27.50万元。该单位应缴纳的土地增值税为（　　）万元。

A.25　　　　　B.24.15　　　　　C.20　　　　　D.21.75

2.某公司职员张某因居住地点与单位太远，遂商议与其朋友王某互换住房一套，张某的住房市场价值80万元，购置价格为75万元；王某的住房市场价值85万元，购置价格为80万元，已经当地税务机关核实。张某应缴纳的土地增值税为（　　）万元。

A.2.00　　　　　B.1.50　　　　　C.3.00　　　　　D.0

3.某房地产开发企业整体出售其新建的商品房，取得不含税收入20 000万元，与商品房相关的土地使用权支付额和开发成本共计10 000万元；该企业没有按房地产项目计算分摊银行借款利息；该项目所在省政府规定计征土地增值税时房地产开发费用扣除比例按国家规定允许的最高比例执行；该项目转让的有关税金为200万元。该商品房项目应缴纳土地增值税（　　）万元。

A.1 500　　　　　B.2 000　　　　　C.2 500　　　　　D.2 060

4.李某因改善居住条件向税务机关申报核准转让其已居住6年的普通住宅一套，取得转让房款24万元。经评估，该住房的重置成本为20万元（不含税），成新度为70%。住房转让时，李某已按国家统一规定缴纳手续费0.18万元、评估费0.50万元、税金1.32万元。因此，李某应缴纳土地增值税（　　）万元。

A.2.40　　　　　B.1.20　　　　　C.0.60　　　　　D.0

5.依据现行土地增值税法的规定，对实行预征办法的地区，可根据实际情况确定土地增值税预征率，西部地区省份预征率不得低于（　　）。

A.1%　　　　　B.2%　　　　　C.2.5%　　　　　D.1.5%

6.2023年3月，某市房地产开发公司转让5年前自建的一栋写字楼，合同注明不含税转让收入8 000万元，当年购入土地支付地价款2 200万元，该写字楼的原值为4 000万元，已提折旧1 000万元，已知该写字楼重置成本5 000万元，成新度为70%，缴纳与转让该写字楼相关税金440万元（不含增值税和印花税）。该房地产开发公司转让写字楼应缴纳土地增值税（　　）万元。

A.573.50　　　　　B.550.00　　　　　C.556.80　　　　　D.500.00

7.某机械制造企业2023年11月转让一栋旧的生产车间，取得不含税转让收入450万元，缴纳相关税费共计30万元（不含增值税）。该生产车间原造价380万元，如果按现行市场价的材料、人工费计算，建造同样的生产车间需700万元，该生产车间成新度为5成。该企业转让生产车间应缴纳的土地增值税为（　　）万元。

A.12.00　　　　　B.21.00　　　　　C.19.50　　　　　D.15.50

二、多项选择题

1.纳税人转让国有土地使用权应缴纳的税种有（　　）。

A.土地增值税　　　　　　　　　B.耕地占用税

C.增值税　　　　　　　　　　　　D.城市维护建设税

2.计算土地增值税扣除项目金额时不得扣除的利息支出有（　　　）。

A.10年以上的借款利息

B.境外借款利息

C.超过国家的有关规定上浮幅度的部分

D.超过贷款期限的利息部分和加罚的利息

3.转让旧房时可作为扣除项目金额的有（　　　）。

A.房屋及建筑物的评估价格

B.取得土地使用权支付的地价款和按国家规定缴纳的有关费用

C.转让环节缴纳的税金

D.房地产开发费用

4.下列关于房地产开发企业土地增值税税务处理的说法中，正确的有（　　　）。

A.房地产开发企业逾期开发缴纳的土地闲置费不得计入扣除项目进行扣除

B.土地增值税清算时已经计入房地产开发成本的利息支出，应调整至财务费用中计算扣除

C.土地增值税清算时未开具销售发票或未全额开具销售发票的，未开具部分可以不计入房地产转让收入

D.房地产开发企业为取得土地使用权所支付的契税，应计入"土地使用权所支付的金额"中予以扣除

5.下列各项中，符合土地增值税清算管理规定的有（　　　）。

A.纳税人按规定预缴土地增值税后，清算补缴的土地增值税，在主管税务机关规定的期限内补缴的，不加收滞纳金

B.对于分期开发的房地产项目，各期清算的方式应保持一致

C.房地产企业逾期开发缴纳的土地闲置费不得扣除

D.直接转让土地使用权的，主管税务机关可要求纳税人进行土地增值税清算

三、计算题

1.某房地产开发企业开发一栋写字楼出售，取得不含税的销售收入2 000万元，支付开发写字楼的地价款（包含契税）400万元，开发过程中支付拆迁补偿费100万元、供水供电基础设施费80万元、建筑工程费用520万元。开发过程中向金融机构借款500万元，借款期限为1年，年利率为5%，利息支出能提供金融机构证明且能按项目分摊。施工、销售过程中发生的管理费用和销售费用共计260万元。该企业销售写字楼缴纳的城市维护建设税、教育费附加共计110万元。

要求：计算该企业应缴纳的土地增值税。

税法习题与解答

2.2023年10月，某市甲房地产开发企业与某公司签订一份商品楼转让合同，取得不含增值税转让收入16 000万元，甲企业按规定缴纳了相关税金896万元。甲房地产开发企业为取得该商品楼的土地使用权而支付的地价款和相关费用共计2 600万元；房地产开发成本5 000万元；房地产开发费用中的利息支出为1 500万元，不能提供金融机构证明，当地政府规定的房地产开发费用的扣除比例为8%。其他资料：甲房地产开发企业为增值税一般纳税人，增值税采用简易计税办法。本题不考虑地方教育附加。

要求：根据上述资料，回答下列问题：

（1）在计算土地增值税时，可扣除的开发费用为（   ）万元。

A.760   B.500   C.260   D.608

（2）在计算土地增值税时，可扣除的与转让房地产有关的税费为（   ）万元。

A.96.00   B.89.60   C.80.00   D.64.00

（3）在计算土地增值税时，可扣除的项目金额合计为（   ）万元。

A.9 104   B.9 808   C.9 728   D.8 693

（4）甲房地产开发公司应该缴纳的土地增值税为（   ）万元。

A.1 612.80   B.1 800.00   C.1 986.40   D.2 150.40

3.甲公司（非房地产开发企业）为增值税一般纳税人，2023年3月转让一栋2000年自建的办公楼，取得含税收入9 000万元，已按规定缴纳转让环节的有关税金，并取得完税凭证。该办公楼造价为800万元，其中包含为取得土地使用权支付的地价款300万元、契税9万元以及按国家规定统一缴纳的其他有关费用1万元。

经房地产评估机构评定，该办公楼重新购建价格为5 000万元，成新度折扣率为五成，支付房地产评估费用10万元，该公司的评估价格已经税务机关认定。甲公司对于转让"营改增"之前自建的办公楼选择"简易征收"方式；转让该办公楼缴纳的印花税税额为4.5万元。甲公司适用的城建税税率为7%，教育费附加征收比率为3%，地方教育附加征收比率为2%。

要求：根据以上资料，回答下列问题：

（1）该公司转让办公楼应纳增值税（   ）万元。

A.414.33   B.413.38   C.390.48   D.428.57

（2）在计算土地增值税时，可扣除转让环节税金（   ）万元。

A.51.43   B.54.11   C.51.36   D.55.93

（3）在计算土地增值税时，可扣除项目金额合计（   ）万元。

A.2 866.93   B.2 874.93   C.2 864.93   D.2 875.93

（4）甲公司应纳土地增值税（   ）万元。

A.2 417.01   B.2 419.27   C.2 416.36   D.2 678.31

第四节　税收优惠及征收管理

一、单项选择题

1.下列关于土地增值税的征管规定的说法中，正确的是（　　）。

A.以分期收款方式转让房产的，根据实际收款日期确定纳税期限

B.一次交割付清价款方式转让房产的，在办理过户和登记手续后一次性纳税

C.纳税人应在转让房地产合同签订后的7日内办理纳税申报

D.企业土地增值税的纳税地点为企业机构所在地

2.下列关于房地产开发企业进行土地增值税清算的表述中，正确的是（　　）。

A.房地产开发企业的预提费用，除另有规定外，不得扣除

B.房地产开发企业提供的开发间接费用资料不实的，不得扣除

C.房地产开发企业提供的前期工程费的凭证不符合清算要求的，不得扣除

D.房地产开发企业销售已装修房屋，可以扣除的装修费用不得超过房屋价值的10%

3.土地增值税的纳税人转让的房地产坐落在两个或两个以上地区的，应（　　）主管税务机关申报纳税。

A.向房地产坐落地的一方　　　　　　B.向房地产坐落地的各方

C.事先选择一至两方　　　　　　　　D.向房地产坐落地各方的共同上级

4.纳税人申报缴纳土地增值税时，须向主管税务机关提供（　　）。

A.营业执照原件　　　　　　　　　　B.营业执照复印件

C.所得税完税凭证　　　　　　　　　D.土地使用权证书

5.在武汉市范围内，企业转让房地产需缴纳土地增值税时，如果房地产坐落地与企业核算地不一致，则纳税地点为（　　）。

A.房地产坐落地　　　　　　　　　　B.企业核算地

C.企业法人居住地　　　　　　　　　D.纳税人自由选择

6.纳税人既建造普通住宅又建造其他商品房的，应（　　）计算土地增值税。

A.合并　　　　　　　　　　　　　　B.按占地面积比例分摊分别

C.按建筑面积比例分摊分别　　　　　D.按收入比例分摊分别

7.在土地增值税项目清算中，清算成本分摊比例为（　　）。

A.已售建筑面积÷可售建筑面积　　　B.已售土地面积÷可售土地面积

C.已售建筑面积÷总建筑面积　　　　D.已售建筑面积÷总土地面积

8.下列情况中，不免征土地增值税的是（　　）。

A.纳税人建造普通标准住宅出售，增值额未超过扣除项目金额20%的

B.因国家建设需要依法征用、收回房地产的

C.合作建房后分房自用的

D.企业开发经济适用房项目并出售的

9.下列各项中,不免征土地增值税的是(   )。

A.因国家建设需要而被政府征收、收回的房地产

B.因城市实施规划、国家建设需要而搬迁,纳税人自行转让的房地产

C.转让旧房作为公共租赁住房房源且增值额超过扣除项目金额30%的

D.个人销售住房的

10.下列各项中,不符合土地增值税税收优惠表述的是(   )。

A.纳税人建造普通标准住宅出售,其增值额未超过扣除项目金额之和20%的,免征土地增值税

B.纳税人既建造普通标准住宅,又进行其他房地产开发,不能准确核算增值额的,由税务机关确定是否免税

C.对企业改制、资产整合过程中涉及的土地增值税予以免征

D.转让旧房作为保障性住房且增值额未超过扣除项目金额20%的,免征土地增值税

二、多项选择题

1.下列项目中,免征土地增值税的有(   )。

A.以房地产抵债而发生房地产产权转移的

B.被兼并企业将房地产转让到兼并企业的

C.房地产开发企业以土地(房地产)作价入股进行投资的

D.国家收回国有土地使用权、征用地上建筑物及其附着物的

2.下列各项中,符合土地增值税征收管理有关规定的有(   )。

A.纳税人建造普通标准住宅出售,增值额未超过扣除项目金额20%的,减半征收土地增值税

B.纳税人建造普通标准住宅出售,增值额未超过扣除项目金额20%的,免征土地增值税

C.纳税人建造普通标准住宅出售,增值额超过扣除项目金额20%的,应对其超过部分的增值额按规定征收土地增值税

D.纳税人建造普通标准住宅出售,增值额超过扣除项目金额20%的,应就其全部增值额按规定征收土地增值税

3.下列各项中,不征收或减免土地增值税的有(   )。

A.一方出资、一方出地,双方合作建房并出售的行为

B.企业因名称变更引起的土地使用权证使用权人名称变更

C.以房地产抵债而发生的房地产产权转让

D.将房地产出租

4.下列各项中,属于土地增值税免税项目的有(   )。

A.以分期付款方式转让房地产的

B.个人转让居住用房

C. 房地产开发企业开发并转让房地产项目增值额未超过扣除项目金额的20%

D. 房地产开发企业开发并出售普通标准住宅增值额占扣除项目金额的15%

5. 符合（　　）条件之一的，主管税务机关可要求纳税人进行土地增值税清算。

A. 已竣工验收的房地产开发项目，已转让的房地产建筑面积占整个项目可售建筑面积的比例在85%以上，或该比例虽未超过85%，但剩余的可售建筑面积已经出租或自用的

B. 取得销售（预售）许可证满3年仍未销售完毕的

C. 纳税人申请注销税务登记但未办理土地增值税清算手续的

D. 经主管地方税务机关进行纳税评估发现问题后，认为需要办理土地增值税清算的房地产开发项目

6. 下列关于房地产开发企业进行土地增值税清算的说法中，正确的有（　　）。

A. 房地产开发企业的预提费用，除另有规定外，不得扣除

B. 分期开发的房地产项目，各期清算的方式应保持一致

C. 建成后有偿转让的公共设施，应计算收入，但成本、费用不得扣除

D. 房地产开发企业销售已装修房屋，装修费用可以计入房地产开发成本

7. 下列各项中，主管税务机关可要求纳税人进行土地增值税清算的有（　　）。

A. 取得销售许可证满3年仍未销售完毕的

B. 取得的销售收入占该项目收入总额50%以上的

C. 申请注销税务登记但未办理土地增值税清算手续的

D. 转让的房屋建筑面积占整个项目可售建筑面积85%以上的

8. 下列各项中，符合土地增值税核定征收条件的有（　　）。

A. 符合土地增值税清算条件的

B. 擅自销毁账簿或者拒不提供纳税资料的

C. 按照法律、法规的规定应当设置账簿但未设置的

D. 虽然设置账簿，但账目混乱，应税收入难以确定的

第七章　　　受益地方的房产税

第一节　征税对象及纳税人

一、单项选择题

1.下列有关房产税纳税人的表述中，不正确的是（　　　）。

A.房屋产权出典的，由承典人纳税

B.房屋出租的，由承租人纳税

C.房屋产权未确定的，由代管人或使用人纳税

D.产权人不在房屋所在地的，由房屋代管人或使用人纳税

2.下列各项中，需要缴纳房产税的是（　　　）。

A.农村居民住房　　　　　　　　B.国家机关自用房产

C.事业单位用房　　　　　　　　D.国有企业所有的职工宿舍

3.根据房产税的有关规定，下列各项中，不属于房产税纳税人的是（　　　）。

A.城区房产使用人　　　　　　　B.城区房产代管人

C.城区房屋所有人　　　　　　　D.城区房屋出典人

二、多项选择题

1.下列不动产中，无须缴纳房产税的有（　　　）。

A.用于抵押的厂房　　　　　　　B.已销售的居民住宅

C.企业厂区内简易自行车棚　　　D.事业单位对外营业的招待所

2.房产税的纳税人包括（　　　）。

A.出租住宅的城市居民　　　　　B.出租门面房的县城个体户

C.出租房屋的事业单位　　　　　D.出租农村房屋的农民

3.下列各项中，不属于房产税征税对象的有（　　　）。

A.室外游泳池　　　　　　　　　B.烟囱

C.工厂围墙　　　　　　　　　　D.房地产公司出租的写字楼

三、判断题

1.水塔属于房产税征税对象。　　　　　　　　　　　　　　　　　　（　　　）

2.大中型企业的自有房产要征房产税。　　　　　　　　　　　　　　（　　　）

3.在城市、县城、建制镇和工矿区范围内使用房产的单位，应按规定缴纳房产税。　　　　　　　　　　　　　　　　　　　　　　　　　　　　　　（　　　）

4.宗教、公园、名胜古迹自用的房产免征房产税，但其出租或用于经营的房产应

征收房产税。   （   ）

第二节 计税依据、税率及应纳税额的计算

一、单项选择题

1.某企业2023年自建办公楼一栋，7月10日建成并办理固定资产入账手续，入账金额为600万元，已知当地政府规定的计算房产余值的扣除比例为20%。该企业2023年度自建的办公楼应缴纳房产税（   ）元。

A.24 000   B.28 800   C.33 600   D.57 600

2.2023年，王某将其建筑面积为200平方米的商铺出租，其房产税税率为（   ）。

A.12%   B.4%

C.6%   D.1.2%

3.某企业以房产投资联营，投资者参与利润分红，共担风险，以（   ）为房产税的计税依据。

A.房产余值   B.房产估值   C.房产净值   D.房产原值

4.某企业的一幢房产原值为1 000 000元，已知房产税税率为1.2%，当地规定的房产原值扣除比例为25%，则该房产应缴纳的房产税为（   ）元。

A.6 000   B.9 000   C.1 500   D.1 250

二、多项选择题

1.按照房产税的有关规定，下列各项中，表述正确的有（   ）。

A.在确定计税余值时，房屋原值的具体减除比例由省、自治区、直辖市在税法规定的减除比例内自行确定

B.纳税人对原有房屋进行改建、扩建的，不增加房屋的原值

C.没有房产原值的，应由房屋所在地税务机关参考同类房屋的价值核定

D.融资租赁的房屋，应以房产租金收入计征房产税

2.某小学因生源减少，将闲置教室支援某企业作为仓库使用，条件是该企业每年捐助该小学30万元（不含税）协助解决教学经费不足的问题。下列关于该部分教室房产税的处理办法中，正确的有（   ）。

A.免缴房产税   B.年应缴房产税3.6万元
C.由企业缴纳   D.由小学缴纳

3.关于房产税的计税依据，下列说法中，正确的有（   ）。

A.融资租赁房屋的，以房产原值计税

B.联营投资房产、共担投资风险的，以房产余值计税

C.出租房产的，以不含税租金计税

D.租入房产的，以租金计税

三、判断题

1.融资租赁租入的房产应按房产余值计算缴纳房产税。 （　　）

2.地下建筑物若作商业用途，以房屋原价的50%～60%作为应税房产原值。 （　　）

3.对按照房产原值计税的房产，无论会计上如何核算，房产原值都应包含地价。 （　　）

4.出租房产，租赁双方签订的租赁合同约定有免收租金期限的，免税租金期间由产权所有人按照房产原值缴纳房产税。 （　　）

四、计算题

1.某国有企业2023年在其所在城市市区有房屋三幢，其中两幢用于本企业生产经营，两幢房产账面原值共为400万元；另外一幢房屋租给某私营企业，年不含增值税的租金收入为20万元（当地政府规定允许按房产原值一次扣除30%）。

要求：请计算该企业房产税的应纳税额。

2.某企业的自有经营性房产原值为1 250万元，该省规定房产原值一次扣除率为20%，2023年1月起将房产的1/4投资联营，经营期限为10年，每年固定分红36万元；2023年6月30日将其余房产的一半出租，月租金收入为4万元。假设以上收入均不含增值税。

要求：请计算该企业房产税的应纳税额。

第三节　税收优惠及征收管理

一、单项选择题

1.下列有关纳税义务发生时间的说法中，错误的是（　　）。

A.纳税人自建房屋的，自房屋建成之次月起开始缴纳房产税

B.纳税人委托施工企业建设房屋的，自办理验收手续之次月起缴纳房产税

C.房屋卖出的当月仍应按规定缴纳房产税

D.房屋买入的当月即应按规定缴纳房产税

2.下列单位中，应按规定缴纳房产税的是（　　）。

A.甲企业坐落在乡政府所在地

B.某事业单位无租使用某市区企业房产

C.某事业单位在城镇出租闲置用房一处

D.某公园自用的房产

3.下列各项中,要征房产税的是( )。

A.公园中对外经营的照相馆所用房产

B.因维修停用8个月的房屋

C.宗教寺庙中宗教人员生活用的房产

D.施工期间在基建工地为其服务的临时性房屋

二、多项选择题

1.下列各项中,免征房产税的有( )。

A.人民团体自用的房产

B.财政拨付经费的事业单位的本身业务用房

C.个人所有的非营业用房

D.宗教寺庙出租的住房

2.下列关于房产税的税收优惠的说法中,正确的有( )。

A.红十字会自用房产免征房产税

B.张某在农村的经营性用房要依法征收房产税

C.军队空余房产租赁收入暂免征收房产税

D.老年服务机构自用的房产暂免征收房产税

3.下列关于房产税纳税义务发生时间的说法中,正确的有( )。

A.购置存量房的,自房地产权属登记机关签发房屋权属证书之次月起计征房产税

B.委托施工企业建设的房屋,自办理验收手续之日的次月起计征房产税

C.房地产开发企业自用本企业建造的商品房,自房屋使用或交付之次月起计征房产税

D.将原有房产用于生产经营,自生产经营之次月起计征房产税

三、判断题

1.购置新建商品房,自房地产权属登记机关签发房屋权属证书之次月起计征房产税。 ( )

2.纳税人委托施工企业建设的房屋,在办理验收手续前就已经出租的新建房屋,从取得房产证之日的次月起缴纳房产税。 ( )

3.纳税单位与免税单位共用的房屋,应由纳税单位统一纳税。 ( )

4.对于与地上房屋相连的地下建筑物,应将地下部分和地上房屋视为一个整体按照地上房屋建筑的有关规定缴纳房产税。 ( )

第八章　因地制宜的城镇土地使用税和耕地占用税

第一节　城镇土地使用税

一、单项选择题

1.下列关于城镇土地使用税纳税义务人的说法中，错误的是（　　）。

A.土地使用权未确定或权属纠纷未解决的，其实际使用人为纳税义务人

B.土地使用权共有的，任选一方纳税

C.拥有土地使用权的单位和个人为纳税义务人

D.拥有土地使用权的单位和个人不在土地所在地的，其土地的实际使用人和代管人为纳税义务人

2.下列土地中，不属于城镇土地使用税征税范围的是（　　）。

A.工矿区国家所有的土地　　　　　　　B.工矿区集体所有的土地

C.建制镇国家所有的土地　　　　　　　D.建立在农村的工矿企业占用的土地

3.下列各项中，不可以作为城镇土地使用税计税依据的是（　　）。

A.土地使用证书上确认的土地面积

B.主管部门组织测定的土地面积

C.省级人民政府核定的土地面积

D.纳税人申报的土地面积

4.甲企业与乙企业按3∶1的占用比例共用一块土地，该土地面积为3 000平方米，该土地所属地区城镇土地使用税每平方米年税额为3元，该地区规定城镇土地使用税每年5月、10月两次缴纳，甲企业上半年应缴纳城镇土地使用税（　　）元。

A.3 375　　　　　　B.2 250　　　　　　C.6 750　　　　　　D.1 125

5.某供热企业本年结算的向居民供热收入为300万元、向非居民供热收入为100万元，其供热厂房占地2 000平方米，当地城镇土地使用税年税额为5元/平方米，则当年该公司应缴纳城镇土地使用税（　　）元。

A.10 000　　　　　　B.7 500　　　　　　C.5 000　　　　　　D.2 500

6.（　　）可根据具体情况自行确定对集贸市场用地征收或者免征土地使用税。

A.省级税务局　　　B.地市级税务局　　　C.县级税务局　　　D.当地主管税务局

7.《中华人民共和国城镇土地使用税暂行条例》直接规定的免税项目是（　　）。

A.个人所有的居住房屋及院落用地

B.宗教寺庙自用的土地

C.民政部门举办的安置残疾人占一定比例的福利工厂用地

D.个人办的医院、托儿所和幼儿园用地

8.下列关于城镇土地使用税的说法中，正确的是（　　）。

A.纳税人使用的土地不属于同一省、自治区、直辖市管辖的，由纳税人分别向土地所在地税务机关缴纳城镇土地使用税

B.对核电站应税土地在基建期内免征城镇土地使用税

C.种植、养殖业用地和农副产品加工场地免征城镇土地使用税

D.个人办的学校用地属于城镇土地使用税的征税范围，应照章纳税

9.下列各项中，不属于由省、自治区、直辖市税务局确定减免城镇土地使用税的是（　　）。

A.免税单位职工家属的宿舍用地　　　　B.集体和个人办的各类学校用地

C.个人所有的居住房屋及院落用地　　　D.免税单位无偿使用纳税单位的土地

10.城镇土地使用税的缴纳期限规定为（　　）。

A.按年计算，分期缴纳　　　　　　　　B.按年征收，分期缴纳

C.按年计算，分季缴纳　　　　　　　　D.按年征收，分季缴纳

11.在同一省、自治区、直辖市的管辖范围内，纳税人跨区域使用土地，其纳税地点是（　　）。

A.纳税人注册地

B.土地所在地

C.纳税人选择纳税的地点

D.由省、自治区、直辖市税务局确定

12.下列关于城镇土地使用税的说法中，不正确的是（　　）。

A.纳税人因土地的权属发生重大变化而依法终止城镇土地使用税纳税义务的，其应纳税款的计算截至土地权属发生变化的次月末

B.纳税人新征用的非耕地，自批准征用次月起缴纳城镇土地使用税

C.以出让或转让方式有偿取得土地使用权的，应由受让方从合同约定交付土地时间的次月起缴纳城镇土地使用税；合同未约定交付土地时间的，由受让方从合同签订的次月起缴纳城镇土地使用税

D.纳税人新征用的耕地，自批准征用之日起满1年时开始缴纳城镇土地使用税

二、多项选择题

1.下列各项中，属于城镇土地使用税的纳税人的有（　　）。

A.拥有土地使用权的外资企业

B.拥有农村承包责任田的农民

C.用自有房产经营小卖部的个体工商户

D.拥有国家划拨土地并自主经营的国有商业企业

2.城镇土地使用税的纳税义务人包括（　　）。

A.拥有土地使用权的单位　　　　　　　B.拥有土地使用权的个人

C.实际使用人　　　　　　　　　　　　D.代管人

3.下列各项中,应征城镇土地使用税的有 (　　　　)。

A.工厂实验室用地

B.学校教师食堂用地

C.公园内茶社用地

D.百货大楼仓库用地

4.纳税人实际占用的土地面积是城镇土地使用税的计税依据,其具体内容可以是 (　　　　)。

A.省级人民政府确定单位组织测定的面积

B.政府部门核发土地使用证上确认的面积

C.纳税人不同意土地使用证列明的面积而自测的土地面积

D.纳税人未取得土地使用证而自测的土地面积

5.下列说法中,错误的有 (　　　　)。

A.城镇土地使用税的征税范围是城市、县城、建制镇、工矿区范围内的国家所有的土地

B.土地使用权未确定的土地暂时不缴纳城镇土地使用税,待权属确定时补缴

C.城镇土地使用税的开征区域不包括市郊和农村

D.纳税单位无偿使用免税单位的土地免征城镇土地使用税;免税单位无偿使用纳税单位的土地照章征收城镇土地使用税

6.下列关于城镇土地使用税的说法中,正确的有 (　　　　)。

A.城镇土地使用税有开征区域的限定

B.城镇土地使用税属于资源课税的范畴

C.城镇土地使用税从企业管理费用中开支

D.外商投资企业和外国企业在华机构用地不征收城镇土地使用税

7.下列各项中,属于法定免征城镇土地使用税的有 (　　　　)。

A.盐矿的矿井用地

B.工业企业仓库用地

C.危险品仓库用地

D.机场场内道路用地

8.下列税收优惠规定中,城镇土地使用税有关税法条例明确规定有减免优惠政策的有 (　　　　)。

A.公园办公用土地

B.市政街道公共用地

C.纳税单位无偿使用免税单位的土地

D.个人所有的居住房屋和院落用地

9.下列各项中,不缴纳城镇土地使用税的有 (　　　　)。

A.公园、名胜古迹内的索道公司经营用地

B.市政街道、广场、绿化地带等公共用地

C.公园、名胜古迹自用土地

D.在基建期的核电站应税土地

10.下列关于城镇土地使用税的说法中,错误的有 (　　　　)。

A.在城镇土地使用税征收范围内经营采摘、观光农业的单位和个人,其直接用于采摘、观光的种植、养殖、饲养的土地,免征城镇土地使用税

B.以出让或转让方式有偿取得土地使用权的,应由受让方从合同约定交付土地

时间的次月起缴纳城镇土地使用税；合同未约定交付土地时间的，由受让方从合同签订的当月起缴纳城镇土地使用税

C.纳税人新征用的耕地，自批准征用之日起满 1 年时开始缴纳城镇土地使用税

D.经批准开山填海整治的土地和改造的废弃土地，从使用的次月起免征城镇土地使用税 5 年至 10 年

11.下列各项中，属于法定免征城镇土地使用税优惠的有（　　　）。

A.由国家财政部门拨付事业经费的单位自用的土地

B.免税单位职工家属的宿舍用地

C.免税单位无偿使用纳税单位的土地

D.港口的码头用地

12.某城市一繁华地段围墙内共有土地 7 500 平方米，有汽车修理厂和服装厂两家企业，其中汽车修理厂占用 3/4 的土地，服装厂占用 1/4 的土地，当地城镇土地使用税税率为每平方米 5 元。下列说法中，正确的有（　　　）。

A.汽车修理厂应纳城镇土地使用税 9 375 元

B.汽车修理厂应纳城镇土地使用税 28 125 元

C.服装厂应纳城镇土地使用税 9 375 元

D.服装厂应纳城镇土地使用税 28 125 元

三、计算题

1.某企业 2023 年度共拥有土地 65 000 平方米，其中：子弟学校占地 3 000 平方米、幼儿园占地 1 200 平方米、企业内部绿化占地 2 000 平方米。上半年企业拥有的房产原值共计 4 000 万元。7 月 1 日起企业将原值为 200 万元、占地面积为 400 平方米的一栋仓库出租给某商场存放货物，租期为 1 年，每月租金收入为 1.5 万元。8 月 10 日，对委托施工单位建设的生产车间办理验收手续，由在建工程转入固定资产，金额为 500 万元（城镇土地使用税税率为 4 元/平方米；房产税计算余值的扣除比例为 20%）。

要求：（1）计算该企业本年应缴纳的城镇土地使用税。

（2）计算该企业本年应缴纳的房产税。

2.位于 A 县城的华泰公司主要经营农产品销售、采摘、观光业务，公司占地 3 万平方米，其中采摘、观光种植用地 2.5 万平方米，职工宿舍和办公用地 0.5 万平方米；房产原值为 300 万元。公司 2023 年发生以下业务：

（1）全年取得旅游观光业务收入 150 万元、农产品零售收入 180 万元。

（2）6 月 30 日，签订房屋租赁合同一份，将价值 60 万元的办公室从 7 月 1 日起出租给他人使用，租期为 12 个月，月租金为 0.5 万元，每月收租金 1 次。

其他相关资料：①适用的城镇土地使用税税率为每平方米 4 元；②公司所在省规

定计算房产余值的扣除比例为30%；③金额以元为单位计算。

要求：根据上述资料，计算回答下列问题，每问需要计算出合计数。

（1）该公司2023年应缴纳的城镇土地使用税。

（2）该公司2023年应缴纳的房产税。

第二节　耕地占用税

一、单项选择题

1.经济特区、经济技术开发区和经济发达、人均占有耕地较少的地区，耕地占用税税额可以适当提高，但是最多不得超过规定税额标准的（　　）。

A.20%　　　　B.30%　　　　C.50%　　　　D.100%

2.下列关于耕地占用税的表述中，不正确的是（　　）。

A.耕地占用税是以纳税人实际占用耕地面积为计税依据，按照规定税额一次性征收

B.耕地占用税实行地区差别幅度比例税率

C.占用果园、桑园、竹园、药材种植园等园地应照章纳税

D.个人占用耕地建房也应缴纳耕地占用税

3.获准占用耕地的单位或者个人应当在收到土地管理部门的通知之日起（　　）内缴纳耕地占用税。

A.7日　　　　B.15日　　　　C.60日　　　　D.30日

4.耕地占用税由（　　）负责征收。

A.国家税务总局　　　　　　　B.省级税务机关

C.税务机关　　　　　　　　　D.地方人民政府

5.下列关于耕地占用税的说法中，正确的是（　　）。

A.耕地占用税在纳税人获准占用耕地的环节征收

B.耕地占用税的适用税额可以适当提高，但最多不得超过规定税额的30%

C.占用鱼塘及其他农用土地建房或从事其他非农业建设，不视同占用耕地

D.纳税人在批准临时占用耕地的期限内恢复所占用耕地原状的，已缴纳的耕地占用税不再退还

6.下列各项中，减半征收耕地占用税的是（　　）。

A.纳税人临时占用耕地　　　　B.军事设施占用耕地

C.农村居民占用耕地新建住宅　D.公路线路占用耕地

7.下列各项中，属于耕地占用税的征税范围的是（　　）。

A.占用菜地开发花圃　　　　　　　　B.将2年前占用的农用土地建造住宅

C.占用耕地开发经济林　　　　　　　D.占用耕地开发茶园

8.某企业占用林地40万平方米建造生态高尔夫球场，还占用林地100万平方米开发经济林，所占耕地适用的定额税率为20元/平方米。该企业应缴纳的耕地占用税为（　　）万元。

A.800　　　　　　B.1 400　　　　　　C.2 000　　　　　　D.2 800

二、多项选择题

1.耕地占用税的特点包括（　　　）。

A.兼具资源税与特定行为税的性质　　B.采用地区差别税率

C.在占用耕地环节一次性课征　　　　D.税收收入专用于耕地开发与改良

2.耕地是指种植农作物的土地，包括（　　　）。

A.人工开掘的水产养殖水面

B.药材种植园

C.弃荒的前3年内曾用于种植农作物的土地

D.花圃

3.纳税人占用下列土地建房或从事非农业建设应缴纳耕地占用税的有（　　　）。

A.人工草场　　　　B.打谷场　　　　C.菜地　　　　D.茶园

4.下列关于耕地占用税的规定中，正确的有（　　　）。

A.耕地占用税实行地区差别幅度定额税率

B.人均耕地面积越少，耕地占用税单位税额越高

C.耕地占用税由税务机关负责征收

D.获准占用耕地的单位或者个人应当在收到土地管理部门的通知之日起10日内缴纳耕地占用税

5.下列各项中，减征耕地占用税的有（　　　）。

A.铁路线路占用耕地

B.学校、幼儿园、养老院、医院占用耕地

C.农村居民占用耕地新建住宅

D.军事设施占用耕地

6.下列说法中，正确的有（　　　）。

A.耕地占用税的纳税人是占用耕地建房或者从事非农业建设的单位或者个人

B.纳税人在批准临时占用耕地的期限内恢复所占用耕地原状的，全额退还已经缴纳的耕地占用税

C.耕地占用税由税务机关负责征收

D.土地管理部门在通知单位或者个人办理占用耕地手续时，应当同时通知耕地所在地同级税务机关

7.下列关于耕地占用税的说法中，正确的有（　　　）。

A.耕地占用税的纳税人是占用耕地建房或者从事非农业建设的单位或者个人

B.依照规定免征或者减征耕地占用税后，纳税人改变原占地用途，不再属于免征或者减征耕地占用税情形的，应当按照当地适用税额补缴耕地占用税

C.占用直接为农业服务的农业生产设施用地免征耕地占用税

D.纳税人临时占用耕地可不缴纳耕地占用税

三、计算题

1.农村某村民新建住宅，经批准占用耕地200平方米。该地区的耕地占用税单位税额为8元/平方米，农村居民占用耕地新建住宅按照当地适用税额减半征收耕地占用税。

要求：计算该村民应缴纳的耕地占用税。

2.2023年3月某公司在郊区新建一家分公司，共计占用耕地15 000平方米，其中800平方米修建幼儿园，2 000平方米修建学校，当地的耕地占用税单位税额为20元/平方米。

要求：计算该公司应缴纳的耕地占用税。

第九章　交通强国下的车辆购置税和车船税

第一节　车辆购置税

一、单项选择题

1.根据《中华人民共和国车辆购置税法》的规定，下列人员中，不属于车辆购置税纳税义务人的是（　　）。

　　A.应税车辆的馈赠人　　　　　　　　B.应税车辆的购买使用者

　　C.免税车辆的受赠使用者　　　　　　D.应税车辆的进口使用者

2.关于车辆购置税的计算，下列说法中，正确的是（　　）。

　　A.进口自用的应税小汽车的计税价格包括关税完税价格和关税，不包括消费税

　　B.底盘发生更换的车辆，计税依据为最新核发的同类型车辆最低计税价格

　　C.销售汽车的纳税人代收的保险费，不应计入计税依据中征收车辆购置税

D. 进口自用的应税小汽车，其计税价格的计算公式为"计税价格=关税完税价格+关税+消费税"

3. 环球公司 2023 年 10 月接受捐赠进口小汽车 10 辆，无法取得该型号汽车的市场价格，国家税务总局规定的同类型应税车辆的最低计税价格为 200 000 元/辆。则该公司应缴纳的车辆购置税为（　　　　）元。

A. 199 560.52　　　　　B. 199 660.52　　　　　C. 200 000　　　　　D. 216 000

4. 下列各项中，不属于车辆购置税纳税人的是（　　　　）。

A. 在我国境内购置应税车辆自用的行政事业单位

B. 在我国境内购置应税车辆自用的个体工商户

C. 在我国境内购置应税车辆自用的外国人

D. 在美国购置车辆使用的中国留学生

5. 以下关于车辆购置税的说法中，不正确的是（　　　　）。

A. 车辆购置税为中央税

B. 车辆购置税征收环节多样化

C. 车辆购置税征税具有特定目的

D. 车辆购置税以在中国境内购置规定的车辆为课税对象

6. 依据车辆购置税的有关规定，下列说法中，正确的是（　　　　）。

A. 车辆购置税的纳税地点是纳税人所在地

B. 车辆购置税是对所有新购置车辆的使用行为征税

C. 车辆购置税的征税环节为车辆的出厂环节

D. 车辆购置税实行统一比例税率

7. 纳税人进口自用应税车辆，自（　　　）起（　　　）日内申报缴纳车辆购置税。

A. 成交的当天，60　　　　　　　　B. 报关进口的当天，30

C. 登记注册的当天，30　　　　　　D. 报关进口的当天，60

8. 按照《中华人民共和国车辆购置税法》的规定，下列车辆中，不需要缴纳车辆购置税的是（　　　　）。

A. 电车　　　　　　　　　　　　　B. 消防部门警用车

C. 农用运输车　　　　　　　　　　D. 小轿车

9. 我国车辆购置税实行法定减免税，下列车辆中，不属于车辆购置税减免税范围的是（　　　　）。

A. 外国驻华使馆自用车辆　　　　　B. 设有固定装置的非运输车辆

C. 新能源汽车　　　　　　　　　　D. 自卸式垃圾车

10. 已经缴纳车辆购置税的应当办理车辆登记注册的车辆，公安机关车辆管理机构不予办理车辆登记注册的，应执行的政策为（　　　　）。

A. 退还全部已缴税款

B. 不得退还已缴税款

C. 纳税人应在缴纳税款的 10 年内申请退税，逾期不予办理

D. 自纳税人办理纳税申报之日起，按已缴税款每满1年扣减10%计算退税额

二、多项选择题

1. 根据车辆购置税的相关规定，下列说法中，正确的有（　　　）。

A. 进口应税车辆的计税依据是组成计税价格

B. 直接进口自用应税车辆的，应缴纳车辆购置税

C. 在境内销售应税车辆的，应缴纳车辆购置税

D. 已税车辆退回经销商的，纳税人可申请退税

2. 按照现行政策的规定，下列各项中，属于车辆购置税免税项目的有（　　　）。

A. 外国驻华使馆、领事馆和国际组织驻华机构及其外交人员自用的车辆

B. 中国人民解放军和中国人民武装警察部队列入军队武器装备订货计划的车辆

C. 设有固定装置的非运输车辆

D. 城市公交企业购置的公共汽电车辆

3. 根据车辆购置税的相关规定，下列说法中，正确的有（　　　）。

A. 纳税人购买自用的应税车辆，应当自购买之日起60天内申报纳税

B. 进口自用的应税车辆，应当自进口之日起60天内申报纳税

C. 纳税人购买自用的应税车辆，其计税价格为纳税人支付给销售者的含增值税税款的全部价款和价外费用

D. 摩托车牌照，在县（市）公安车辆管理部门办理，其登记注册地为县（市）公安车管部门所在地，其纳税地点为当地县税务机关

4. 关于车辆购置税的纳税地点，下列说法中，正确的有（　　　）。

A. 购置需要办理车辆登记注册手续的应税车辆，纳税地点是纳税人所在地

B. 购置需要办理车辆登记注册手续的应税车辆，应当向购买地主管税务机关申报纳税

C. 购置需要办理车辆登记注册手续的应税车辆，纳税地点是车辆上牌落籍地

D. 购置不需要办理车辆登记注册手续的应税车辆，应当向纳税人所在地主管税务机关申报纳税

5. 下列关于车辆购置税的规定中，正确的有（　　　）。

A. 免税条件消失的车辆，自初次办理纳税申报之日起，使用年限未满15年的，计税依据为最新核发的同类型车辆初次办理纳税申报时的市场价格，价格按每满1年扣减10%计算

B. 车辆退回生产企业或者经销商的，纳税人申请退税时，主管税务机关应退还全部已缴税款

C. 车辆购置税一次课征，购置已征车辆购置税的车辆，不再征收车辆购置税

D. 车辆购置税的价外费用和增值税的价外费用是不一致的

三、计算题

1.经营进出口汽车业务的某汽车销售公司2023年10月直接从韩国进口一辆小轿车自用，经报关地口岸海关对有关报送资料审查确定，关税完税价格为284 000元，海关征收关税26 800元，并按增值税、消费税的有关规定分别缴纳进口增值税59 929.67元、消费税30 738.46元。

要求：计算该企业应缴纳的车辆购置税。

2.2023年5月，陈某从某汽车4S店购买一辆小轿车供自己使用，支付含增值税价款210 000元，另支付购买工具件和零配件价款2 000元。该汽车4S店对购车价款开具机动车销售统一发票，对其他价款和费用开具普通销售发票。

要求：计算陈某应缴纳的车辆购置税。

第二节　车船税

一、单项选择题

1.下列车辆中，应该缴纳车船税的是（　　）。

A.非机动驳船　　　　　　　　　　　　B.捕捞养殖渔船

C.电动自行车　　　　　　　　　　　　D.军队专用车

2.下列各项中，不属于车船税征税范围的是（　　）。

A.三轮车　　　　　B.火车　　　　　C.摩托车　　　　　D.养殖渔船

3.下列说法中，正确的是（　　）。

A. 对于轮式专用机械车免予征收车船税

B. 对农用运输车免予征收车船税

C. 一个纳税年度内已完税的车辆被盗的，不予以退税

D. 丢失车辆办理退税后车辆又找回的，纳税人应当从公安机关出具相关证明的
　　当月起计算缴纳车船税

4. 车船税采用（　　）税率。

A.比例　　　　　B.超额累进　　　　　C.定额　　　　　D.超率累进

5.下列说法中，不符合车船税规定的是（　　）。

A.车船税的征税范围包括依法不需要在车船管理部门登记、在单位内部场所行

驶或者作业的机动车辆和船舶

B.按照规定缴纳船舶吨税的机动船舶,免征车船税

C.拖船按照发动机功率每千瓦折合净吨位 0.67 吨计算征收车船税

D.挂车按照货车税额的 50% 计算缴纳车船税

6.下列车辆中,应缴纳车船税的是（　　　）。

A.纯电动汽车　　　　　　　　　　　B.挂车

C.武装警察专用的车辆　　　　　　　D.外国驻华使馆人员使用的车辆

二、多项选择题

1.下列车船中,减免车船税的有（　　　）。

A.公共交通车船

B.按有关规定已缴纳船舶吨税的船舶

C.捕捞、养殖渔船

D.节约能源、使用新能源的车船

2.下列关于车船税纳税义务发生时间的说法中,正确的有（　　　）。

A.纳税义务发生时间为核发车船登记证书或行驶证书记载日期当月

B.纳税义务发生时间为核发车船登记证书或行驶证书记载日期次月

C.未办理登记手续的,纳税义务发生时间为购置发票开具时间当月

D.对未办理车船登记手续且无法提供车船购置发票的,由主管税务机关核定

3.下列关于车船税的规定中,正确的有（　　　）。

A.纳税人没有按照规定期限缴纳车船税的,扣缴义务人在代收代缴税款时可以一并代收代缴欠缴税款的滞纳金

B.已完税或者依法减免税的车辆,纳税人应当向扣缴义务人提供登记地主管税务机关出具的完税凭证或者减免税证明

C.对游艇按净吨位计税

D.拖船按发动机功率每 1 千瓦折合净吨位 0.5 吨计算征收车船税并按船舶税额的50% 征收

4.下列说法中,正确的有（　　　）。

A.车船税的征税范围是在车船管理部门登记的车船

B.在机场内部场所行驶或者作业的汽车不缴纳车船税

C.我国境内车辆、船舶的所有人或者管理人为车船税的纳税人,应当依照车船税条例的规定缴纳车船税

D.没有扣缴义务人的,纳税人应当向主管税务机关自行申报缴纳车船税

5.下列车船中,免征车船税的有（　　　）。

A.纯电动商用车

B.警用车辆

C.捕捞养殖渔船

D. 救护车

三、计算题

1.恒通水上运输公司2023年拥有车船的情况如下：

（1）机动船15艘，其中净吨位1 000吨机动船5艘，净吨位3 000吨机动船6艘，净吨位20 000吨机动船4艘。

（2）拖船8艘，均为1 000千瓦。（拖船1千瓦按0.67吨计算）

机动船舶具体适用税率为：净吨位不超过200吨的，每吨3元；净吨位超过200吨但不超过2 000吨的，每吨4元；净吨位超过2 000吨但不超过10 000吨的，每吨5元；净吨位超过10 000吨的，每吨6元。

要求：计算恒通水上运输公司2023年应缴纳的车船税。

2.某企业2023年拥有货车30辆、挂车20辆，每辆整备质量均为5吨；18座的小型客车3辆（小型客车年税额为每辆530元，货车年税额为每吨30元）。

要求：请计算该企业全年应缴纳的车船税。

第十章　　具有契约精神的印花税和契税

第一节　印花税

一、单项选择题

1.根据印花税法律制度的规定，下列各项中，属于印花税纳税人的是（　　）。

A.合同的双方当事人　　　　　　　B.合同的担保人

C.合同的证人　　　　　　　　　　D.合同的鉴定人

2.下列合同中，应按照"技术合同"缴纳印花税的是（　　）。

A. 设备测试合同

B. 专利申请转让合同

C. 专利实施许可合同

D. 专利权转让合同

3.甲公司与乙公司分别签订了两份合同：一是以货换货合同，甲公司的货物价值

200万元，乙公司的货物价值150万元；二是采购合同，甲公司购买乙公司50万元的货物，但因故合同未能兑现，则甲公司应缴纳印花税（　　）元。

A.150　　　　　　B.600　　　　　　C.1 050　　　　　　D.1 200

4.2023年1月，甲公司将闲置厂房出租给乙公司，合同约定每月租金为2 500元，租期未定。签订合同时预收租金5 000元，双方已按定额贴花。3月底合同解除，甲公司收到乙公司补交的租金2 500元，则甲公司3月份应补缴印花税（　　）元。

A.7.50　　　　　　B.8.00　　　　　　C.9.50　　　　　　D.2.50

5.在国外签订、在国内使用的应税合同，其纳税义务发生时间为（　　）。

A.签订时　　　　　　　　　　　　　B.携带合同入境时

C.使用时　　　　　　　　　　　　　D.终止时

二、多项选择题

1.下列单位中，属于印花税纳税人的有（　　）。

A.技术合同的签订单位

B.贷款合同的担保单位

C.电子应税凭证的签订单位

D.签订运输合同的承运单位

2.下列凭证中，免征印花税的有（　　）。

A.与高校学生签订的学生公寓租赁合同

B.乡政府批准企业改制签订的产权转移书据

C.国际金融组织向我国企业提供优惠贷款书立的合同

D.贴息贷款合同

3.下列各项中，应按"产权转移书据"税目征收印花税的有（　　）。

A.商品房销售合同　　　　　　　　　B.土地使用权转让合同

C.专利申请权转让合同　　　　　　　D.专利权转让合同

三、计算题

1.某汽车修配厂与机械进出口公司签订购买价值为2 000万元的测试设备合同，为购买此设备与工商银行签订借款2 000万元的借款合同。后因突发事件，购销合同作废，改签融资租赁合同，租赁费1 000万元。

要求：根据上述情况，计算该厂应缴纳的印花税。

2.某公司作为受托方签订甲、乙两份加工承揽合同。甲合同约定：由委托方提供主要材料（金额300万元），受托方只提供辅助材料（金额20万元），受托方另收取加工费50万元。乙合同约定：由受托方提供主要材料（金额200万元）并收取加工费40万元。

要求：计算该公司应缴纳的印花税。

第二节　契税

一、单项选择题

1.某公司2023年发生两笔互换房产业务，并已办理了相关手续。第一笔业务换出的房产价值为500万元，换进的房产价值为800万元；第二笔业务换出的房产价值为600万元，换进的房产价值为300万元。已知当地政府规定的契税税率为3%，则该公司应缴纳契税（　　）万元。

A.0　　　　　　　　B.9　　　　　　　　C.18　　　　　　　　D.33

2.下列有关契税的表述中，符合现行税法规定的是（　　）。

A.纳税义务人向土地、房屋所在地的契税征收机关办理纳税申报的期限为7天

B.承包荒山、荒沟、荒丘、荒滩土地使用权的，免征契税

C.对拆迁居民因拆迁重新购置的住房的成交价格中超过拆迁补偿款的部分，免征契税

D.企业依照法律的规定、合同的约定分设为两个或两个以上投资主体相同的企业，对派生方、新设方承受原企业土地、房屋权属的，不征收契税

3.甲企业2023年1月因无力偿还乙企业已到期的债务3 000万元，经双方协商甲企业同意以自有房产偿还债务，该房产的原值为5 000万元，净值为2 000万元，评估现值为9 000万元，乙企业支付差价款6 000万元，双方办理了产权过户手续，则乙企业计缴契税的计税依据是（　　）万元。

A.5 000　　　　　　B.6 000　　　　　　C.9 000　　　　　　D.2 000

4.居民甲某共有三套房产，将第一套市价为80万元的房产与乙某交换，并支付给乙某15万元；将第二套市价为60万元的房产折价给丙某抵偿了50万元的债务；将第三套市价为30万元的房产作股投入本人独资经营的企业。若当地契税税率为3%，甲某应缴纳契税（　　）万元。

A.0.45　　　　　　　B.1.95　　　　　　　C.2.25　　　　　　　D.2.85

5.依据契税的相关规定，下列情形中，应征收契税的是（　　）。

A.以获奖方式取得房屋产权

B.将自有房产作股投入本人经营企业

C.房屋产权相互交换，交换价值相等

D.承受荒山土地使用权用于林业生产

二、多项选择题

1.下列情形中，免征契税的有（　　）。

A.军事单位承受土地、房屋用于军事设施

B.企业承受土地、房屋用于办公

C.以自有房产作股投入本人独资经营的企业

D.与金融租赁公司签订的售后回租合同期满，承租人回购原土地、房屋权属

2.某外商投资企业2023年接受某国有甲企业以房产投资入股，房产市场价值为100万元，该企业还于2023年以自有房产与另一企业交换一处房产，支付差价300万元，同年政府有关部门批准向该企业出让土地一块，该企业缴纳全部费用150万元。下列有关外商投资企业契税的处理方法中，正确的有（　　）。（当地政府规定契税税率为3%）

A.接受房产投资应缴纳的契税为0

B.接受房产投资应缴纳的契税为3万元

C.交换房产和承受土地应缴纳的契税为3万元

D.交换房产和承受土地应缴纳的契税为13.5万元

3.2021年张先生购置家庭第一套住房，面积为90平方米，成交价格为70万元；2023年因工作调动，张先生用家庭唯一住房换取赵先生一套85平方米房屋，赵先生支付张先生10万元，当地契税税率为3%。下列关于契税纳税义务的说法中，正确的有（　　）。

A.赵先生应缴纳契税24 000元

B.张先生购置第一套住房应缴纳契税7 000元

C.张先生换取赵先生住房应缴纳契税3 000元

D.赵先生换取房屋行为契税纳税义务发生时间是办理房屋权属变更登记的当天

4.根据契税的有关规定，有些特殊方式转移土地、房屋权属的，也将视同土地使用权转让、房屋买卖行为，征收契税。下列行为中，需要缴纳契税的有（　　）。

A.以土地、房屋权属作价投资

B.以土地、房屋权属抵偿债务

C.以获奖方式承受土地、房屋权属

D.企业分立中承受原企业的土地、房屋权属

5.下列关于契税计税依据的说法中，正确的有（　　）。

A.土地使用权转让、房屋买卖，其计税依据为成交价格

B.土地使用权交换，其计税依据为交换双方确定的价格

C.土地使用权赠与、房屋赠与，其计税依据由征税机关按市场价格核定

D.承受的房屋附属设施权属如为单独计价的，按照当地确定的适用税率征收契税；如与房屋统一计价的，按房屋适用税率的50%征税

三、计算题

1.居民王某有两套住房，2023年以其中一套价值200 000元的房产换取李某价值300 000元的房产，王某支付差价100 000元；法定继承住房一套，价值400 000元；出售另外一处房产，取得收入150 000元。

要求：计算王某本年应缴纳的契税总额（契税税率为3%）。

2.居民甲某有四套住房，将一套价值120万元的别墅折价给乙某抵偿了100万元的债务；用市场价值70万元的第二、三两套两室住房换取丙一套四室住房，另取得丙某赠送的价值12万元的小轿车一辆；将第四套市场价值50万元的公寓房折成股份投入本人独资经营的企业。当地政府确定的契税税率为3%。

要求：计算甲、乙、丙应缴纳契税的金额各是多少。

3.某企业3月1日以协议方式取得一地块的土地使用权，支付土地出让金3 000万元，拆迁补偿费1 000万元，5月20日缴纳市政配套费500万元。当地契税税率为4%。

要求：计算该企业应缴纳的契税。

第十一章　创新创业下的企业所得税

第一节　征税对象及纳税人

一、单项选择题

1.根据企业所得税法的规定，依照外国（地区）法律成立且实际管理机构不在中国境内，但在中国境内设立机构、场所的，或者在中国境内未设立机构、场所，但有来源于中国境内所得的企业，是（　　）。

A.本国企业　　　　　　　　　　　B.外国企业

C.居民企业　　　　　　　　　　　D.非居民企业

2.下列各项中，属于企业所得税法规定的"其他收入"项目的是（　　　）。

A.债务重组收入　　　　　　　　B.转让设备收入

C.租金收入　　　　　　　　　　D.视同销售收入

3.根据企业所得税法的规定，下列公司中，属于非居民企业的是（　　　）。

A.根据外国法律成立，实际管理机构在我国的甲公司

B.根据外国法律成立且实际管理机构在国外，在我国设立机构场所的乙公司

C.根据我国法律成立，实际管理机构在我国的丙公司

D.根据我国企业法律成立，在国外设立机构场所的丁公司

二、多项选择题

1.根据企业所得税法的规定，下列各项中，属于企业所得税纳税人的有（　　　）。

A.股份有限公司　　　　　　　　B.一人有限责任公司

C.个人独资企业　　　　　　　　D.合伙企业

2.实际管理机构是指企业实际有效的指挥、控制和管理中心，是行使居民税收管辖权的国家判定法人居民身份的主要标准，根据税法规定对（　　　）实施实质性全面管理和控制的机构。

A.企业生产经营　　　　　　　　B.企业人员

C.企业账务　　　　　　　　　　D.企业财产

3.下列企业中，属于企业所得税纳税人的有（　　　）。

A.依照中国法律在中国境内成立的私营企业

B.依照中国法律在中国境内成立的个人独资企业

C.依照外国法律成立但实际管理机构在中国境内的企业

D.依照外国法律成立未在中国境内设立机构但有来源于中国境内所得的企业

4.在中国境内未设立机构、场所的非居民企业，其来源于中国境内的所得计算缴纳企业所得税的办法包括（　　　）。

A.股息、红利所得等权益性投资收益，以收入全额为应纳税所得额

B.转让财产所得，以收入全额为应纳税所得额

C.利息、租金、特许权使用费所得，以收入全额减除发生的费用为应纳税所得额

D.境外所得按收入总额减除与取得收入有关的、合理的支出后的余额为应纳税所得额

5.天方公司2023年取得了以下所得，以下关于企业所得税所得来源地确定的表述，正确的有（　　　）。

A.提供劳务所得，按照劳务发生地确定

B.动产转让所得，按照转让动产的企业或者机构、场所所在地确定

C.权益性投资资产转让所得，按照分配所得的企业所在地确定

D.租金所得，按照负担、支付所得的企业或机构场所所在地确定

6.企业所得税纳税人分为居民企业和非居民企业。下列企业中，属于居民企业的有

（　　）。

A.在北京市注册但实际管理机构在美国纽约的甲企业

B.在法国巴黎注册但实际管理机构在上海市的乙企业

C.在英国伦敦注册在天津市设有一家办事机构的丙企业

D.在重庆市注册在俄罗斯莫斯科开展工程承包的丁企业

7.企业的中国境内所得，应缴纳企业所得税的有（　　）。

A.劳务所得　　　　B.股息、红利所得　C.清算所得　　　　D.违约金所得

三、判断题

1.海天公司为居民企业，应当就其来源于中国境内、境外的所得缴纳企业所得税。（　　）

2.中国公民郭女士依照中国法律、行政法规成立了个人独资A企业，该企业属于企业所得税纳税义务人。（　　）

3.中国公民刘某和宋某合伙成立了一家税务师事务所，该事务所应缴纳企业所得税。（　　）

4.中国公民张某成立了一家个体工商户企业，销售牛奶，该个体工商户应缴纳企业所得税。（　　）

5.依据企业所得税法，应向中国政府缴纳企业所得税的经济交易体，应为法人组织单位。（　　）

第二节　计税依据

一、单项选择题

1.企业所得税法所称企业以非货币形式取得的收入，应当按照（　　）确定收入额。

A.公允价值　　　　B.重置价值　　　　C.历史价值　　　　D.原始价值

2.下列收入中，属于企业所得税应税收入的是（　　）。

A.财政拨款

B.国债利息收入

C.物资及现金溢余

D.依法收取并纳入财政管理的政府性基金

3.根据企业所得税法的规定，下列费用中，不得在税前扣除的是（　　）。

A.依照省级人民政府规定的范围和标准为职工缴纳的"五险一金"

B.为公司的车辆向财产保险公司投保发生的保险费

C.为职工支付的补充商业保险费

D.符合国务院财政、税务主管部门规定可以扣除的商业保险费

4.在计算应纳税所得额时，下列支出中，允许扣除的是（　　）。

A.土地增值税税款　　　　　　　　　B.企业所得税税款

C.税收滞纳金　　　　　　　　　　　D.向环保局缴纳的罚款

5.某商贸企业2023年开具增值税专用发票取得收入2 000万元，另外从事运输服务取得不含税收入220万元。收入对应的销售成本和运输成本合计为1 550万元，期间费用、税金及附加为200万元，营业外支出100万元（其中90万元为公益性捐赠支出），上年度企业经税务机关核定的亏损为30万元。企业可以税前扣除的捐赠支出为（　　）万元。

A.90　　　　　　B.40.8　　　　　　C.44.4　　　　　　D.23.4

6.某白酒生产企业为扩大生产新建厂房，由于自有资金不足，2023年1月1日向银行借入长期借款1笔，金额3 000万元，贷款年利率是4.2%，2023年4月1日该厂房开始建设，12月31日房屋交付使用，则2023年该企业可在税前直接扣除的借款费用是（　　）万元。

A.36.6　　　　　　B.35.4　　　　　　C.32.7　　　　　　D.31.5

7.2023年某企业当年实现自产货物销售收入500万元，当年发生计入销售费用中的广告费60万元，企业上年还有35万元的广告费没有在税前扣除，企业当年可以税前扣除的广告费是（　　）万元。

A.15　　　　　　B.60　　　　　　C.75　　　　　　D.95

8.下列行为取得或视同取得的所得中，应该缴纳企业所得税的是（　　）。

A.将资产用于生产另一产品　　　　　B.改变资产形状、结构或性能

C.将资产转移至分支机构　　　　　　D.将资产用于职工奖励

9.某公司2022年发生公益性捐赠支出10万元，当年利润总额为50万元；2023年发生公益性捐赠支出5万元，当年利润总额为60万元，允许税前扣除2023年当年发生的公益性捐赠支出（　　）万元。

A.6　　　　　　B.7.2　　　　　　C.5　　　　　　D.3.2

10.某公司2023年发生的工资薪金总额为100万元，当年度发生的职工教育经费支出为6万元，上年结转3万元。2023年可在税前扣除职工教育经费（　　）万元。

A.6　　　　　　B.9　　　　　　C.2.5　　　　　　D.8

11.2023年"双十一"期间，A公司采取"买一赠一"方式销售微波炉：每买1台售价1 000元（不含税，下同）的微波炉，赠送售价100元的餐具一套。当月共计销售微波炉100台，同时赠送餐具100套。该活动应确认的企业所得税收入是（　　）元。

A.110 000　　　　　B.100 000　　　　　C.116 000　　　　　D.117 000

12.A公司2023年处置了系列资产。下列情形中，应视同销售确定企业所得税应税收入的是（　　）。

A.将资产由经营性质转为自用　　　　B.将产品用于加工另一产品

C.将资产在总、分机构转移　　　　　D.将产品用于职工奖励或福利

13.A公司2023年职工工资总额100万元，当年度为全体职工支付补充养老保险费3万元、补充医疗保险费6万元，企业所得税税前准予扣除（　　）。

A.补充养老保险费3万元、补充医疗保险费5万元

B.补充养老保险费、补充医疗保险费合计5万元

C.补充养老保险费、补充医疗保险费合计10万元

D.补充养老保险费、补充医疗保险费均可据实扣除

14.A公司2023年通过市教育局捐给某小学50万元，结转的2022年未扣除的公益性捐赠支出为30万元，2023年利润总额为500万元，则当年度可以在税前扣除的公益性捐赠支出金额是（　　）万元。

A.30　　　　　　　　B.50　　　　　　　　C.60　　　　　　　　D.80

15.某企业2023年为提高员工技能，开展多种岗位培训，发生职工教育经费支出10万元，当年工资薪金税前列支金额为100万元，则当年可税前扣除的职工教育经费为（　　）万元。

A.2.5　　　　　　　B.5　　　　　　　　C.8　　　　　　　　D.10

16.某卷烟厂2023年营业收入为10亿元，当年累计发生烟草广告费和业务宣传费支出1.7亿元，该企业可税前扣除广告费和业务宣传费（　　）亿元。

A.3　　　　　　　　B.1.7　　　　　　　C.1.5　　　　　　　D.0

17.下列项目中，不得在企业所得税税前扣除的是（　　）。

A.合同违约金支出　　　　　　　　B.广告性赞助支出

C.银行逾期贷款罚息　　　　　　　D.行政罚款支出

18.某公司2023年取得的下列收入，属于企业所得税不征税收入的是（　　）。

A.国债利息收入　　　　　　　　　B.财政拨款收入

C.销售货物收入　　　　　　　　　D.提供劳务收入

19.企业发生的下列成本费用支出超过当年企业所得税税前扣除限额时，可无限期结转的是（　　）。

A.广告费　　　　　　　　　　　　B.福利费

C.税法允许弥补亏损　　　　　　　D.补充养老保险

20.企业下列支出中，在计算企业所得税应纳税所得额时，准予据实扣除的是（　　）。

A.金融企业借款利息支出　　　　　B.为老板买的养老保险支出

C.企业的非广告性赞助支出　　　　D.业务招待费支出

21.我国居民企业外购货物合同未履行，支付卖方违约金10万元。企业所得税年终汇算清缴时，下列关于违约金支出的处理，正确的是（　　）。

A.不作纳税调整　　　　　　　　　B.纳税调增

C.纳税调减　　　　　　　　　　　D.不涉及企业所得税

22.下列各项支出中，可在企业所得税税前扣除的是（　　）。

A.企业之间支付的管理费用

B.非银行企业内营业机构之间支付的利息

C.企业依据法律规定提取的环境保护专项资金

D.烟草企业的广告费和业务宣传费

23.某生产企业2023年销售产品收入1 500万元，销售边角料收入500万元，接受捐赠收入50万元，实际发生广告费350万元、业务宣传费150万元。广告费和业务宣传费准予税前扣除的金额为（　　）万元。

A.450　　　　　　B.500　　　　　　C.50　　　　　　D.300

24.某商贸公司2023年开始筹办，当年未取得收入，筹办期间发生业务招待费300万元、业务宣传费20万元、广告费200万元。根据企业所得税法相关规定，上述支出可计入企业筹办费并在税前扣除的金额是（　　）万元。

A.200　　　　　　B.220　　　　　　C.400　　　　　　D.520

二、多项选择题

1.下列收入中，属于企业所得税法规定的"其他收入"项目有的（　　）。

A.债务重组收入　　　　　　　　　　B.转让设备收入

C.违约金收入　　　　　　　　　　　D.视同销售收入

2.下列关于企业所得税收入确认时间的表述中，正确的有（　　）。

A.股息、红利等权益性投资收益，在投资方收到分配金额时确认收入的实现

B.利息收入，按照合同约定的债务人应付利息的日期确认收入的实现

C.租金收入，在实际收到租金收入时确认收入的实现

D.接受捐赠收入，在实际收到捐赠资产时确认收入的实现

3.依据企业所得税优惠政策，下列收入中，属于免税收入的有（　　）。

A.购买国债取得的利息收入

B.非营利组织从事营利性活动取得的收入

C.在境内设立机构的非居民企业从居民企业取得的与该机构有实际联系的红利收入

D.中国境内设立机构的非居民企业连续持有上市公司股票不足12个月取得的投资收益

4.企业（　　）为不征税收入。

A.取得的财政拨款

B.依法收取并纳入财政管理的政府性基金

C.取得的国务院规定的不征税收入

D.购买国债取得的利息收入

5.下列支出中，在符合真实性原则的前提下，可以从应纳税所得额中直接据实扣除的有（　　）。

A.违约金　　　　　　　　　　　　　B.诉讼费用

C.提取未付的职工工资　　　　　　　D.实际发生的业务招待费

6.在中国境内未设立机构、场所的诺丁汉公司（非居民企业）从中国境内取得的下列所得，应按收入全额计算征收企业所得税的有（　　）。

A.股息 　　　　　　　　　　　B.利息

C.转让财产所得 　　　　　　　　D.特许权使用费

7.A公司系高新技术企业，2023年度实际支出合理职工工资300万元，发生职工福利费40万元、职工教育经费12万元、拨缴工会经费7万元。下列说法中，符合税法规定的有（　　）。

A.可以扣除的职工福利费为40万元

B.可以扣除的职工教育经费为7.5万元

C.可以扣除的工会经费为6万元

D.结转至次年扣除的工会经费为1万元

8.某公司2023年缴纳的下列保险费用可以在企业所得税税前直接扣除的有（　　）。

A.仅为公司董事长缴纳的补充养老保险金

B.为董事长未成年子女缴纳的社会保险费用

C.为特殊工种的职工支付的人身安全保险费

D.公司参加财产保险按照规定缴纳的保险费

9.某公司2023年部分保险费用支出如下，按照税法规定，计算应纳税所得额时，可在税前扣除的保险费用有（　　）。

A.为职工缴纳的基本养老保险 　　B.为运输车辆购买的运输保险

C.为管理人员购买的投资分红险 　D.购买的雇主责任险

10.下列行业中，可以按照不超过当年销售（营业）收入30%的部分在税前扣除广告费和业务宣传费支出的有（　　）。

A.酒类制造 　　　B.食品制造 　　　C.化妆品销售 　　　D.医药制造

11.华胜公司2023年缴纳的税金及滞纳金，根据企业所得税法相关规定，在计算企业所得税应纳税所得额时，不得扣除的有（　　）。

A.印花税 　　　　　　　　　　　B.允许抵扣的增值税

C.企业所得税 　　　　　　　　　D.税收滞纳金

12.某企业发生的下列保险费支出，可以在企业所得税税前据实扣除的有（　　）。

A.按规定范围和标准缴纳的基本养老保险费

B.企业职工因公出差乘坐交通工具的人身意外保险费

C.为全体员工支付的补充医疗保险费

D.财产保险费

三、判断题

1.A公司2023年税前列支的工资总额为200万元，当年发生职工教育经费支出10

万元，则2023年允许税前扣除的职工教育经费为5万元。 （　　）

2. 某废品回收公司2023年以300元的价格回收了小王的旧手机，该企业可凭借收款凭证和内部凭证在税前扣除该笔回收费用。 （　　）

3. 英国的某基金公司2023年1月15日从我国债券市场取得的债券利息收入暂免征收企业所得税。 （　　）

4. 不征税收入，本身不构成应税收入，如财政拨款，依法收取并纳入财政管理的行政事业性收费、政府性基金，国务院规定的其他不征税收入。 （　　）

5. 享受固定资产加速折旧优惠的纳税人，应当在完成年度汇算清缴后，将留存备查资料归集齐全并整理完成，以备税务机关核查，无须向税务机关提交资料。

（　　）

6. 华阳公司是总机构，在异地设有分支机构，该公司将一台价值500万元的资产转给异地分支机构，该情形应作为企业所得税视同销售处理。 （　　）

7. 某公司2023年通过市民政部门向贫困地区希望小学捐赠100万元，当年企业所得税纳税申报时已按规定扣除60万元，未扣除的40万元在以后年度不得扣除。

（　　）

8. 社保基金会在国务院批准的投资范围内，运用养老基金投资取得的归属于养老基金的投资收入，属于企业所得税应税收入。 （　　）

9. 茂林工贸有限公司2023年10月共支付工商银行贷款利息106万元，该利息支出及其中包含的增值税，均可以税前扣除。 （　　）

10. 山云公司2023年度企业所得税汇算清缴时，对公益性捐赠支出先扣除以前年度结转的捐赠支出，再扣除当年发生的捐赠支出。 （　　）

11. 某公司2023年发生了一笔符合税前扣除条件的公益性捐赠支出，其金额超过了当年利润总额的12%，超额部分准予结转以后三年内在计算应纳税所得额时扣除。

（　　）

第三节　资产的税务处理

一、单项选择题

1. 下列关于固定资产计税基础的说法中，正确的是（　　）。

A. 融资租入的固定资产，以公允价值为计税基础

B. 自行建造的固定资产，以竣工结算前发生的支出为计税基础

C. 外购的固定资产以购买价款和支付的相关税费为计税基础

D. 盘盈的固定资产，以账面价值为计税基础

2. 下列各项中，最低折旧年限为5年的固定资产是（　　）。

A. 建筑物　　　　　B. 生产设备　　　　　C. 家具　　　　　D. 电子设备

3. 某农场外购奶牛支付价款20万元，依据企业所得税相关规定，税前扣除方法

为（　　）。

A. 一次性在税前扣除

B. 按奶牛寿命在税前分期扣除

C. 按直线法以不低于3年折旧年限计算折旧税前扣除

D. 按直线法以不低于10年折旧年限计算折旧税前扣除

4. 某公司2023年1月购进一套价值60万元的管理软件，符合无形资产确认条件，公司按照无形资产进行核算。根据相关规定，2023年该公司计算应纳税所得额时摊销无形资产费用的最高金额是（　　）万元。

A.6　　　　　　　　B.10　　　　　　　　C.30　　　　　　　　D.60

5. 2022年某商贸公司以经营租赁方式租入临街门面，租期10年。2023年3月公司对门面进行了改建装修，发生改建费用20万元。关于装修费用的税务处理，下列说法中，正确的是（　　）。

A. 改建费用应作为长期待摊费用处理

B. 改建费用应从2024年1月开始摊销

C. 改建费用可以在发生当期一次性税前扣除

D. 改建费用应在3年的期限内摊销

6. 根据企业所得税法有关规定，下列各项中，不属于非货币性资产的是（　　）。

A. 固定资产　　　　B. 生物资产　　　　C. 无形资产　　　　D. 应收票据

7. 某公司在计算企业所得税时，固定资产采取缩短折旧年限方式计提折旧，其最低折旧年限不得低于法定折旧年限的一定比例。该比例是（　　）。

A.30%　　　　　　　B.40%　　　　　　　C.50%　　　　　　　D.60%

二、多项选择题

1. 在计算应纳税所得额时，企业发生的下列支出，应作为长期待摊费用的有（　　）。

A. 固定资产的大修理支出　　　　　　B. 租入固定资产的改建支出

C. 固定资产的日常修理支出　　　　　　D. 外购的生产性生物资产支出

2. 在计算应纳税所得额时，准予扣除企业按照规定计算的固定资产折旧。下列固定资产，不得计算折旧扣除的有（　　）。

A. 与经营活动无关的固定资产

B. 以经营租赁方式租出的固定资产

C. 以融资租赁方式租入的固定资产

D. 已足额提取折旧仍继续使用的固定资产

3. 根据企业所得税法的相关规定，固定资产大修理支出需要同时符合的条件有（　　）。

A. 修理后固定资产被用于新的或不同的用途

B. 修理后固定资产的使用年限延长2年以上

C.修理后固定资产的使用年限延长 1 年以上

D.修理支出达到取得固定资产时计税基础的 50% 以上

4.企业的固定资产由于技术进步等原因，确需加速折旧的，可以采取的加速折旧方法有（　　）。

A.年数总和法

B.当年一次折旧法

C.双倍余额递减法

D.先进先出法

5.下列固定资产中，在计算应纳税所得额时可以计提折旧税前扣除的有（　　）。

A.长江公司未投入使用的厂房

B.黄河公司以经营租赁方式租入的运输工具

C.衡山公司未投入使用的电子设备

D.华山公司购进的一套旧生产设备

三、判断题

1.符合条件的企业可以选择缩短折旧年限法，但最低折旧年限不得低于规定折旧年限的 50%。　　　　　　　　　　　　　　　　　　　　　　　（　　）

2.企业使用或者销售的存货的成本计算方法，可以在先进先出法、加权平均法、个别计价法中选用一种。计价方法一经选用，不得随意变更。　　　　（　　）

3.对所有行业企业 2014 年 1 月 1 日后新购进的专门用于研发的仪器、设备，单位价值不超过 100 万元的，允许一次性计入当期成本费用在计算应纳税所得额时扣除，不再分年度计算折旧。　　　　　　　　　　　　　　　　　（　　）

第四节　税率及应纳税额计算

一、单项选择题

1.某企业为创业投资企业，2022 年 8 月 1 日，该企业向境内某未上市中小高新技术企业投资 200 万元。2023 年该企业实现的利润总额为 890 万元；未经财税部门核准，提取风险准备金 10 万元。2023 年该企业应纳所得税（　　）万元。

A.82.50　　　　　　B.85.00　　　　　　C.187.50　　　　　　D.190.00

2.境外 A 公司在中国境内未设立机构、场所，2023 年 A 公司取得境内甲公司股息、红利 100 万元，同时取得境内乙公司分配的股息、红利 50 万元。已知 A 公司连续持有甲公司股票 10 个月，持有乙公司股票 15 个月，且这两个公司的股票均公开发行并上市流通。取得境内丙公司支付的房屋转让收入 80 万元，该项财产原值为 80 万元，已计提折旧 20 万元。2023 年度该境外公司在我国应缴纳企业所得税（　　）万元。

A.17　　　　　　　B.14　　　　　　　C.18　　　　　　　D.36

3.某日本企业（实际管理机构不在中国境内）在中国境内设立分支机构，2023年该机构在中国境内取得咨询收入500万元；在中国境内培训技术人员，取得日方支付的培训收入200万元；在中国取得与该分支机构无实际联系的特许权使用所得80万元；在日本取得与该分支机构无实际联系的所得70万元。该日本企业应向中国政府缴纳企业所得税的收入总额为（　　　　）万元。

A.500　　　　　　B.580　　　　　　C.830　　　　　　D.780

4.根据企业所得税的规定，以下适用25%税率的是（　　　　）。

A.小型微利企业

B.在中国境内设立机构、场所且所得与机构、场所有实际联系的非居民企业

C.在中国境内未设立机构、场所但有来源于中国境内所得的非居民企业

D.在中国境内虽设立机构、场所但取得所得与境内机构、场所没有实际联系的非居民企业

5.根据规定，国家重点扶持的高新技术企业，适用的企业所得税税率是（　　　　）。

A.10%　　　　　　B.15%　　　　　　C.20%　　　　　　D.25%

6.A公司2023年发生的下列事项中，既要调整年度会计利润，又要调整当年应纳税所得额的是（　　　　）。

A.将自产的货物用于固定资产建设　　　B.向公益性组织捐赠1万元自产货物

C.审计出的当年未入账收入6万元　　　D.质检部门做出的行政罚款1万元

7.亚喜公司2023年取得销售收入80万元，支付工资薪金支出10万元，其中支付残疾职工工资5万元，其他税前扣除费用合计20万元，不考虑其他纳税调整项目。该企业2023年应纳税所得额为（　　　　）万元。

A.41.5　　　　　　B.42.5　　　　　　C.45　　　　　　D.50

8.下列关于企业所得税税率的表述中，正确的是（　　　　）。

A.小型微利企业适用25%的税率　　　B.非居民企业一律适用20%的税率

C.高新技术企业适用15%的税率　　　D.企业所得税基本税率为33%

9.计算应纳税所得额的公式是（　　　　）。

A.应纳税所得额=收入总额–免税收入–各项扣除–允许弥补的以前年度亏损

B.应纳税所得额=收入总额–不征税收入–免税收入–各项扣除

C.应纳税所得额=收入总额–不征税收入–各项扣除

D.应纳税所得额=收入总额–不征税收入–免税收入–各项扣除–允许弥补的以前年度亏损

二、多项选择题

1.非居民企业在中国境内未设立机构、场所的，或者虽设立机构、场所但取得的所得与其所设机构、场所没有实际联系的，应当就其来源于中国境内的所得缴纳企业所得税。其取得的所得，计算应纳税所得额的方法有（　　　　）。

A.股息等权益性投资收益，以收入全额为应纳税所得额

B. 转让财产所得，以收入全额减除财产净值及相关税费后的余额为应纳税所得额

C. 租金、特许权使用费所得，以收入额的50%为应纳税所得额

D. 利息所得，以收入全额为应纳税所得额

2. 企业取得的（　　）已在境外缴纳的所得税税额，可以从其当期应纳税额中抵免，抵免限额为该项所得依照我国法律规定计算的应纳税额。

A. 居民企业来源于中国境外的应税所得

B. 非居民企业在中国境内设立机构、场所，取得的发生在中国境外，但与该机构、场所有实际联系的应税所得

C. 居民企业来源于中国境内的应税所得

D. 非居民企业在中国境内没有设立机构、场所，取得的发生在中国境外且与该机构、场所没有实际联系的应税所得

三、判断题

1. 企业发生亏损，可在今后五年内弥补亏损，是指以五个盈利年度的利润弥补亏损。　　　　　　　　　　　　　　　　　　　　　　　　（　　）

2. 企业来源于中国境外的所得，已在境外缴纳的所得税税款，准予在汇总纳税时，从其应纳税额中扣除，但扣除额不得超过其境外所得依中国税法规定计算的应纳税额。　　　　　　　　　　　　　　　　　　　　　（　　）

3. 企业购买国债的利息收入，不计入应纳税所得额。　　　　　（　　）

4. 企业所得税应当分国不分项计算其扣除限额。　　　　　　　（　　）

5. F公司2022年度申报扣除资产损失180万元，在2023年度收回80万元，收回部分应当计入2023年度的应纳税所得额。　　　　　　　　　　（　　）

四、计算题

1. 某企业2023年全年取得收入总额为3 000万元，另取得租金收入50万元；销售成本、销售费用、管理费用共计2 800万元；营业外支出35万元，其中，通过希望工程基金委员会向某灾区捐款10万元，直接向某困难地区捐赠5万元；非广告性赞助20万元。其从业人数和资产总额全年季度平均值分别为120人、1 800万元。

要求：计算该企业2023年应缴纳的企业所得税。

2. 某工业企业，从业人员80人，资产总额为2 500万元，2023年度相关生产经营业务如下：

（1）当年销售产品收入700万元，对外提供培训收入120万元，国债利息收入250万元，取得对境内居民企业的投资收益100万元。

（2）全年产品销售成本为550万元。

（3）全年发生财务费用50万元，其中10万元为资本化的利息。

（4）管理费用共计98万元，销售费用共计50万元，其中列支广告费、业务宣传费30万元。

（5）通过政府部门向贫困地区捐款40万元，税收罚款支出5万元，滞纳金2.73万元。

（6）税金及附加20万元。

（7）上年广告宣传费超支20万元。

要求：根据上述资料，按下列序号计算有关纳税事项，需要计算出合计数。

（1）企业应税收入为（　　）万元。

A.820　　　　　　　B.956.8　　　　　　C.966.8　　　　　　D.1 170

（2）企业税前可扣除的财务费用和销售费用合计为（　　）万元。

A.100　　　　　　　B.120　　　　　　　C.110　　　　　　　D.90

（3）企业税前可扣除的营业外支出为（　　）万元。

A.23.72　　　　　　B.40　　　　　　　C.15　　　　　　　D.13.72

（4）企业应缴纳的企业所得税为（　　）万元。

A.0　　　　　　　　B.2　　　　　　　　C.0.4　　　　　　　D.1.1

3.某市生产企业为居民企业，2023年度发生相关业务如下：

（1）自产服装销售收入1 300万元，投资收益100万元（系从居民企业分回的投资收益）。

（2）销售成本为500万元。

（3）管理费用200万元，其中：研发费60万元、业务招待费60万元。

（4）销售费用300万元，其中含广告费和业务宣传费200万元。

（5）税金及附加170万元。

（6）营业外收支账户列明：国债利息收入10万元，市场监督管理部门罚款5万元。

（7）已计入管理费用的"应付职工薪酬"科目借方发生额中有已经计入销售成本的给残疾人支付的工资12万元。

（8）其从业人数和资产总额全年季度平均值分别为80人、800万元。

要求：（1）计算企业年度会计利润。

（2）计算投资收益应纳税调整的金额。

（3）计算研发费用应纳税调整的金额（加计扣除比例为100%）。

（4）计算业务招待费应纳税调整的金额。

（5）计算广告和业务宣传费应纳税调整的金额。

（6）计算市场监督管理部门罚款应纳税调整的金额。

（7）计算残疾人工资应纳税调整的金额。

（8）计算全年应纳税所得额。

（9）计算全年应纳税额。

4.某企业2023年发生下列业务：

（1）销售产品收入2 000万元。

（2）接受捐赠材料一批，取得赠出方开具的增值税发票，注明价款10万元，增值税1.3万元；企业找一运输公司将该批材料运回企业，支付运杂费0.3万元，取得普通发票。

（3）收取当年让渡资产使用权的专利实施许可费，取得其他业务收入10万元。

（4）取得国债利息收入2万元。

（5）全年销售成本1 000万元，税金及附加100万元。

（6）全年销售费用500万元，含广告费400万元；全年管理费用200万元，含业务招待费80万元；全年财务费用50万元。

（7）全年营业外支出40万元，含直接对私立小学捐款10万元，以及违反政府规定被市场监督管理局罚款2万元。

要求：（1）计算该企业的会计利润总额。

（2）计算该企业国债利息的纳税调整额。

（3）计算该企业广告费的纳税调整额。

（4）计算该企业业务招待费的纳税调整额。

（5）计算该企业营业外支出的纳税调整额。

（6）计算该企业应纳税所得额。

（7）计算该企业应纳所得税税额。

第五节　特别纳税调整

一、单项选择题

1.下列关于关联关系的判断中，错误的是（　　）。

A. A公司直接持有B公司30%的股份，A公司和B公司属于关联企业

B. A公司持有B公司50%的股份，B公司持有C公司40%的股份，则A公司和C公司不具有关联关系

C. A公司实收资本为300万元，A公司从B公司（非金融机构）借入200万元款项从事生产经营，A公司和B公司属于关联企业

　　D.A公司对B公司的生产经营、交易具有实质控制，A公司和B公司属于关联企业

　　2.企业发生关联交易以及税务机关审核、评估关联交易均应遵循（　　）原则，选用合理的转让定价方法。

　　A.市场定价　　　　　　　　　　B.独立交易

　　C.企业自行定价　　　　　　　　D.权责发生制

　　3.甲企业销售一批货物给乙企业，该销售行为取得利润20万元；乙企业将该批货物销售给丙企业，取得利润200万元。税务机关经过调查后认定，甲企业和乙企业之间存在关联交易，将200万元的利润按照6：4的比例在甲和乙之间分配。该调整方法是（　　）。

　　A.利润分割法　　　　　　　　　B.再销售价格法

　　C.交易净利润法　　　　　　　　D.可比非受控价格法

　　4.2023年5月10日，税务机关在检查某公司的纳税申报情况的过程中，发现该公司2022年的业务存在关联交易，少缴纳企业所得税30万元。该公司于2023年6月1日补缴了该税款，并报送了《2022年度关联企业业务往来报告表》等相关资料。对该公司补征税款时应加收的利息为（　　）万元。（假设中国人民银行公布的同期人民币贷款年利率为5.5%）

　　A.1　　　　　　B.1.2　　　　　　C.1.65　　　　　　D.1.55

二、多项选择题

　　1.下列情形中，符合关联企业认定标准的有（　　）。

　　A.直接或间接地同为第三者拥有或控制

　　B.经常发生购销业务的企业和单位

　　C.在资金方面存在直接或间接拥有或控制

　　D.在经营方面存在直接或间接拥有或控制

　　2.税务机关依照企业所得税法规定核定关联企业的应纳税所得额时，可以采用的方法有（　　）。

　　A.参照同类或者类似企业的利润率水平核定

　　B.按照企业成本加合理的费用和利润的方法核定

　　C.按照关联企业集团整体利润的合理比例核定

　　D.按照其他合理方法核定

　　3.正太公司2023年发生资产收购，适用特殊性税务处理需满足的条件有（　　）。

　　A.具有合理商业目的，且不以减少、免除或推迟缴纳税款为主要目的

　　B.受让企业收购的资产不低于转让企业全部资产的85%

　　C.受让企业在收购时的股权支付金额不低于其交易支付总额的50%

　　D.资产收购后连续12个月内不改变收购资产原来的实质性经营活动

三、计算题

1.某外商投资企业自行申报以55万元从境外甲公司（关联企业）购入一批产品，又将这批产品以50万元转售给乙公司（非关联企业）。假定该公司的销售毛利率为20%，企业所得税税率为25%。

要求：按再销售价格法计算此次销售业务应缴纳的企业所得税。

第六节　税收优惠

一、单项选择题

1.依据企业所得税的相关规定，下列资产中，不可以采用加速折旧方法的是（　　）。

A.常年处于强震动状态的固定资产

B.常年处于高腐蚀状态的固定资产

C.单独估价作为固定资产入账的土地

D.由于技术进步原因产品更新换代较快的固定资产

2.下列项目的所得中，免征企业所得税的是（　　）。

A.牲畜、家禽的饲养　　　　　　　　B.花卉作物的种植

C.内陆养殖　　　　　　　　　　　　D.香料作物的种植

3.某国家重点扶持的高新技术企业2023年销售收入2 000万元，销售成本1 000万元，期间费用750万元，其中研发费用200万元，广告宣传费用450万元；假定该企业不存在其他纳税调整项目。2023年该企业应缴纳企业所得税（　　）万元。

A.42.5　　　　　　B.35　　　　　　C.37.5　　　　　　D.40

4.2023年某居民企业取得产品销售收入6 800万元，直接扣除的成本及税金共计5 000万元；3月投资100万元购买B公司A股股票，12月份以120万元转让，2023年取得国债利息收入5万元。2023年该企业应缴纳企业所得税（　　）万元。（企业所得税税率为25%）

A.45　　　　　　B.455　　　　　　C.455.50　　　　　　D.456.25

5.某公司2023年购买了多项固定资产，不能一次性在税前扣除的固定资产是（　　）。

A.单价为100万元的仪器　　　　　　B.单价为15万元的小汽车

C.单价为550万元的机器　　　　　　D.单价为200万元的旧设备

6.育德科技公司从事物联网技术研发。2023年发生符合规定的研发费用100万

元，当年研发费用可以加计扣除的金额是（　　　）。

　　A.25万元　　　　　　B.50万元　　　　　　C.100万元　　　　　　D.75万元

　　7.博才公司2020年被认定为高新技术企业（假定2022—2024年未重新认定高新技术企业），2019年发生亏损100万元，可用于弥补2019年亏损的年度是（　　　）。

　　A.2020—2029年　　　　　　　　　B.2020—2025年

　　C.2020—2024年　　　　　　　　　D.2020—2026年

　　8.华凤公司2023年委托境外企业研发产品，发生研发费100万元，国内发生研发费60万元，该企业委托境外研发的费用可以税前扣除（　　　）万元。

　　A.40　　　　　　　B.60　　　　　　　C.80　　　　　　　D.100

　　9.泰安公司成立于2022年，主要从事机械设备研发。2022年亏损70万元，2023年3月被认定为科技型中小型企业，并持续取得资格。弥补2022年亏损的最后年度是（　　　）。

　　A.2027年　　　　　　　B.2029年　　　　　　　C.2024年　　　　　　　D.2026年

　　10.关于小型微利企业的认定标准，下列说法中，错误的是（　　　）。

　　A.从事国家非限制和非禁止行业

　　B.工业企业从业人数不超过100人，资产总额不超过3 000万元

　　C.商贸企业从业人数不超过80人，资产总额不超过1 000万元

　　D.年度应纳税所得额不超过200万元

　　11.下列收入中，属于企业所得税法规定的不征税收入的是（　　　）。

　　A.企业收到地方政府未规定专项用途的税收返还款收入

　　B.外贸企业收到的出口退税款收入

　　C.事业单位收到的财政拨款收入

　　D.企业取得的国债利息收入

　　12.企业所得税加计扣除时，委托境外机构发生的研发费，按80%计入委托方委托境外研发费用，但不得超过境内符合条件研发费用的一定比例。该比例是（　　　）。

　　A.1/3　　　　　　　B.1/4　　　　　　　C.2/3　　　　　　　D.1/5

　　13.创达公司2023年度开展研发活动实际发生研发费100万元，未形成无形资产计入当期损益，按规定在据实扣除的基础上，可再按照实际发生额的一定比例税前加计扣除。该比例是（　　　）。

　　A.50%　　　　　　　B.100%　　　　　　　C.150%　　　　　　　D.175%

　　14.下列收入中，属于企业所得税免税收入的是（　　　）。

　　A.甲公司取得的财政拨款50万元

　　B.乙单位收取的行政事业性收费60万元

　　C.丙单位收取的政府性基金70万元

　　D.丁公司取得的国债利息收入80万元

　　15.广元公司于2023年9月25日新购进一台机器设备，在2023年第3季度预缴申报时享受了一次性税前扣除的优惠。该公司新购进的这台设备，单位价值最高可达

（　　）万元。

A.200　　　　　　　　B.300　　　　　　　　C.400　　　　　　　　D.500

16.某企业2023年度符合小型微利企业条件，其年应纳税所得额应低于或等于一定数额。该数额是（　　）万元。

A.20　　　　　　　　B.30　　　　　　　　C.50　　　　　　　　D.100

17.甲企业委托英国A公司研发，支付的研发费应按一定比例计入甲企业的委托境外研发费用。该比例是（　　）。

A.70%　　　　　　　B.80%　　　　　　　C.90%　　　　　　　D.100%

18.下列所得中，可享受企业所得税减半征收优惠的是（　　）。

A.种植油料作物的所得　　　　　　　　B.种植香料作物的所得

C.种植豆类作物的所得　　　　　　　　D.种植糖料作物的所得

19.下列关于企业所得税加速折旧优惠政策的说法中，正确的是（　　）。

A.2023年企业新购进单台价值600万元的设备，可一次性税前扣除

B.企业选择享受一次性税前扣除政策的，其资产的税务处理可与会计处理不一致

C.固定资产在投入使用月份的当月所属年度一次性税前扣除

D.采取缩短折旧年限的，最低折旧年限不得低于规定折旧年限的50%

20.某企业2023年6月投资300万元购置并投入使用环境保护专用设备（属于企业所得税优惠目录的范围），2023年该企业应纳税所得额168万元。该企业当年应缴纳企业所得税（　　）万元。

A.12　　　　　　　　B.6.9　　　　　　　C.26　　　　　　　　D.42

21.我国居民企业2023年符合条件的公益性捐赠支出，当年超限额未税前扣除的捐赠支出，可以结转以后扣除的期限为（　　）年。

A.2　　　　　　　　B.3　　　　　　　　C.5　　　　　　　　D.10

22.2023年9月某化肥厂购进一台污水处理设备并投入使用（该设备属于环境保护专用设备企业所得税优惠目录列举项目），取得增值税专用发票注明设备价款100万元、进项税额13万元。该厂可抵免企业所得税税额（　　）万元。

A.10　　　　　　　　B.11.3　　　　　　　C.100　　　　　　　D.113

二、多项选择题

1.下列各项中，应征收企业所得税的有（　　）。

A.企业取得转让国库券的差价收入

B.企业取得依法收取并纳入财政管理的政府性基金

C.企业变卖固定资产获得的净收益

D.企业生产货物用于市场推广

2.下列关于小型微利企业购进资产的税务处理的说法中，正确的有（　　）。

A.购进用于生产经营的价值120万元的固定资产允许一次性税前扣除

B.购进用于研发的价值80万元的固定资产允许一次性税前扣除

C.固定资产缩短折旧年限的，不能低于规定折旧年限的60%

D.购进的固定资产允许采用加速折旧方法

3.企业从事下列项目所得，免征企业所得税的有（　　）。

A.企业受托从事蔬菜种植　　　　　　B.企业委托个人饲养家禽

C.企业外购蔬菜分包后销售　　　　　D.农机作业和维修

4.下列非居民企业取得的所得中，免征企业所得税的有（　　）。

A.外国政府向中国政府提供贷款取得的利息所得

B.国际金融组织向居民企业提供优惠贷款取得的利息所得

C.国际金融组织向中国政府提供优惠贷款取得的利息所得

D.外国企业向居民企业提供专利使用权取得的所得

5.根据企业所得税法的规定，以下所得中可以免征或减征企业所得税的有（　　）。

A.林场销售原木的所得

B.从事国家重点扶持的公共基础设施项目投资经营的所得

C.从事符合条件的环境保护、节能节水项目的所得

D.销售水产品的渔场所得

6.某公司2023年发生的研究开发活动，可以享受研发费加计扣除优惠的有（　　）。

A.开发新技术　　B.受让新技术　　C.开发新工艺　　D.开发新产品

7.现行企业所得税优惠政策规定，下列公司中，适用税前加计扣除政策的有（仅指研发费用）（　　）。

A.天马购物广场有限公司　　　　　　B.开泰房地产开发有限公司

C.开源煤矿专业设备有限公司　　　　D.天顺科技股份有限公司

8.下列项目中，可享受企业所得税"三免三减半"优惠的有（　　）。

A.节能节水项目所得

B.国家重点扶持的公共基础设施项目所得

C.资源综合利用项目所得

D.符合条件的节能服务公司实施合同能源管理项目所得

9.为减轻企业的负担，从2018年起，具备特定资格企业发生的亏损，弥补年限由5年延长至10年，"特定资格"包括（　　）。

A.创投企业　　B.高新技术企业　　C.小微企业　　D.科技型中小企业

10.下列所得中，可享受企业所得税减半征收优惠的有（　　）。

A.种植花卉作物的所得

B.种植豆类作物的所得

C.种植棉类作物的所得

D.种植香料作物的所得

11.下列说法中，符合企业所得税相关规定的有（　　）。

A. 企业发生的职工教育经费超过扣除限额的，允许无限期结转到以后纳税年度扣除

B. 企业发生的符合确认条件的实际资产损失，在当年因某种原因未能扣除的，准予结转到以后年度扣除

C. 符合税收优惠条件的创投企业，投资额可抵扣当年应纳税所得额，不足抵扣的，准予在以后5个纳税年度内抵扣

D. 饮料制造企业发生的广告费和业务宣传费支出，超过标准的部分，允许结转到以后纳税年度扣除

12. 育乐公司2023年发生的下列各项费用支出，可以归属于加计扣除研发费用项目的有（　　）。

A. 产品常规性升级费用　　　　　　B. 外聘研发人员的劳务费用

C. 直接从事研发人员的工资　　　　D. 研发人员的股权激励费用

13. 2023年某公司加大固定资产投入，购买或建造的下列固定资产可以一次性在企业所得税税前扣除的有（　　）。

A. 从国外进口的单价为600万元的研发仪器

B. 购买的单价为300万元的生产设备

C. 购买的一辆单价为10万元的小汽车

D. 从外单位购买的单价为200万元的旧设备

14. 下列各项收入中，免征企业所得税的有（　　）。

A. 转让国债取得的转让收入

B. 非营利组织免税收入孳生的银行存款利息

C. 国债利息收入

D. 企业种植观赏性植物取得的收入

15. 宏大公司2023年发生了技术研发项目（项目符合规定），研发人员人工费可以加计扣除的有（　　）。

A. 工资薪金支出　　　　　　　　　B. 基本养老保险

C. 基本医疗保险　　　　　　　　　D. 住房公积金

16. 江海市创业园区内有5家企业，其中可以减按15%的税率征收企业所得税的有（　　）。

A. 技术先进型服务企业　　　　　　B. 创业投资企业

C. 高新技术企业　　　　　　　　　D. 科技型中小企业

17. 居民企业的下列所得，可以享受企业所得税技术转让所得优惠政策的有（　　）。

A. 转让拥有5年以上的技术所有权的所得

B. 转让植物新品种的所得

C. 转让计算机软件著作权的所得

D. 从直接或间接持有股权之和达100%的关联方取得的技术转让所得

18. 卜列从事国家非限制和禁止行业的企业，在 2023 年度符合小型微利企业条件的有（　　）。

A. 应纳税所得额 60 万元，从业人数 60 人，资产总额 600 万元的工业企业

B. 应纳税所得额 90 万元，从业人数 90 人，资产总额 900 万元的餐饮企业

C. 应纳税所得额 120 万元，从业人数 70 人，资产总额 500 万元的广告企业

D. 应纳税所得额 60 万元，从业人数 60 人，资产总额 600 万元的商业企业

19. 下列各项中，属于企业所得税税收优惠政策的有（　　）。

A. 取得专门用途的财政性资金 50 万元

B. 研发费加计扣除 75 万元

C. 减计收入 20 万元

D. 新购进设备单位价值 168 万元一次性计入成本

20. 扬风公司 2023 年度为科技型中小企业，该公司 2021 年度、2022 年度尚未弥补完的亏损分别为 30 万元、40 万元，2023 年度亏损 50 万元（假定以后年度不具备高新技术企业或科技型中小企业资格）。下列表述正确的有（　　）。

A. 2021 年度亏损结转年限为 5 年　　　　　B. 2021 年度亏损结转年限为 10 年

C. 2022 年度亏损结转年限为 10 年　　　　　D. 2023 年度亏损结转年限为 5 年

三、判断题

1. 华海公司研发活动中使用的 600 万元的仪器享受加速折旧优惠政策，在享受研发费用加计扣除政策的同时，税前扣除的折旧部分不可以加计扣除。　　　　　（　　）

2. 无法偿付的应付款项和企业资产的溢余收入，属于其他收入，需要计入企业收入总额。　　　　　（　　）

3. 成昆公司 2023 年 6 月 1 日新购进一台价值 400 万元的设备，可以一次性计入当期成本费用在计算应纳税所得额时扣除，不再分年度计算折旧。　　　　　（　　）

4. 企业销售商品涉及现金折扣的，应当按扣除现金折扣前的金额确定销售商品收入金额。　　　　　（　　）

5. 我国国内某人工智能公司 2023 年委托美国斯坦福大学进行研发活动，研发活动所发生的费用可以按照费用实际发生额计入委托境外研发费用。　　　　　（　　）

6. A 公司 2023 年 7 月 1 日新购进一台价值 198 万元的设备，财务人员一次性计入当期成本费用并在计算应纳税所得额时扣除，未再分年度计算折旧进行扣除。

（　　）

7. A 公司 2023 年取得高新技术企业资格。按照现行政策，其 2018 年亏损 500 万元，亏损弥补期限最多可以延续到 2023 年。　　　　　（　　）

8. 某公司 2023 年享受国债利息免征企业所得税优惠政策，该公司需要去主管税务机关办理企业所得税免税备案手续。　　　　　（　　）

9. 企业在筹办期间，发生的与筹办活动有关的业务招待费，可按实际发生额的 60% 计入企业筹办费，发生的广告费和业务宣传费，可按实际发生额计入企业筹办

费，按有关规定税前扣除。 （　　）

10. 山海公司2023年度企业所得税汇算清缴时，对公益性捐赠支出先扣除以前年度结转的捐赠支出，再扣除当年发生的捐赠支出。 （　　）

11. 华天公司是高新技术企业，证书注明发证时间为2023年11月30日，有效期3年。根据规定，2023年度汇算清缴时即可享受高新技术企业优惠政策。 （　　）

12. 吉香公司2023年10月发生资产损失，税务机关要求汇算清缴时必须提交申报资料才能进行税前扣除。 （　　）

13. 秦岭公司是渭河公司的母公司，在计算企业所得税应纳税所得额时，渭河公司发生的经营亏损，可用秦岭公司的所得弥补。 （　　）

14. A公司为高新技术企业，符合研发费加计扣除有关规定，2023年度发生的研发费税前加计扣除比例为50%。 （　　）

15. 某企业在2023年8月15日新购进了一套单位价值600万元的设备，在计算应纳税所得额时，允许一次性计入当期成本费用扣除。 （　　）

16. 2023年甲企业委托英国的约翰先生进行研发活动，向其个人支付研发费100万元，该研发费支出可在企业所得税税前加计扣除。 （　　）

17. 某居民企业技术转让所得不超过500万元的部分，可以免征企业所得税；超过500万元的部分，全额征收企业所得税。 （　　）

第七节　源泉扣缴和税收征管

一、单项选择题

1. 居民企业境内设立不具有法人资格的营业机构，应（　　）企业所得税。
A.分别计算并缴纳　　　　　　　B.汇总计算并缴纳
C.独立计算并缴纳　　　　　　　D.就地预缴

2. 除税法另有规定外，关于企业所得税纳税地点，下列说法中，不正确的是（　　）。
A.居民企业以企业登记注册地为纳税地点
B.登记注册地在境外的，以实际管理机构所在地为纳税地点
C.居民企业在中国境内设立不具有法人资格的营业机构，应当汇总计算并缴纳企业所得税，纳税地点为总机构注册地
D.在中国境内未设立机构、场所而从中国境内取得所得的非居民企业，以扣缴义务人所在地为纳税地点

3. 根据我国企业所得税法相关规定，依据墨西哥国家法律成立、实际管理机构在我国境内江海市的某公司，其企业所得税征收的税务机关是（　　）。
A.国家税务总局　　　　　　　　B.由纳税人自行选择一地
C.国家税务总局江海市税务局　　D.由两国税务机关协商确定

4.下列各项收入中，不属于搬迁收入的是（　　　）。

A.因搬迁安置而给予的补偿收入

B.由于搬迁处置存货而取得的收入

C.因搬迁停产停业形成的损失而给予的补偿收入

D.资产搬迁过程中遭到毁损而取得的保险赔款收入

5.某大型集团公司2023年11月发生多项业务，取得了不同类型的凭证。下列凭证中，不能作为企业所得税税前扣除凭证的是（　　　）。

A.从京东商城购买商品取得的增值税电子普通发票

B.购买原材料取得上游公司开具的收据

C.购买一块工业土地取得的财政票据

D.支付银行贷款利息取得的增值税普通发票

6.某软件企业办税人员致电12366纳税服务热线，咨询关于享受企业所得税优惠政策的事项办理问题。他提出的下列说法中，不正确的是（　　　）。

A.该企业享受优惠事项采取自行判别、申报享受的方式

B.该企业对优惠事项留存备查资料的真实性、合法性承担法律责任

C.该企业留存备查资料应从企业所得税汇算清缴期结束次日起保留5年

D.该企业在完成年度汇算清缴后，应按照后续管理要求向税务机关提交资料

7.A公司2023年9月向B公司实际支付咨询费100万元，但未及时取得发票，A公司应在规定期限取得B公司补开的符合规定的发票，则可以在2023年度汇算清缴时作为税前扣除凭证。该"规定期限"是（　　　）。

A.2024年5月31日前　　　　　　　　B.2024年6月30日前

C.2024年9月30日前　　　　　　　　D.2024年12月31日前

8.《企业所得税税前扣除凭证管理办法》规定，税前扣除凭证在管理中应遵循的原则是（　　　）。

A.实质重于形式　　　　　　　　　　B.权责发生制

C.谨慎性、及时性、有效性　　　　　D.真实性、合法性、关联性

9.某企业2023年3月15日开业，则该企业填报2023年《企业所得税年度纳税申报表（A类）》时，其所属期限，应当填写（　　　）。

A.2023年1月1日—2023年12月31日

B.2023年3月15日—2023年12月31日

C.2023年3月1日—2023年12月31日

D.2023年3月16日—2023年12月31日

二、多项选择题

1.《中华人民共和国企业所得税法》中所称来源于中国境内、境外的所得，确定原则有（　　　）。

A.销售货物所得，按照交易活动发生地确定

B.提供劳务所得，按照劳务发生地确定

C.股息红利等权益性投资所得，按照分配所得的企业所在地确定

D.利息所得、租金所得、特许权使用费所得，按照负担或者支付所得的企业或者机构、场所所在地确定

2.下列关于企业所得税收入确认时间的表述中，正确的有（　　　）。

A.股息、红利等权益性投资收益，在投资方收到的分配金额时确认收入的实现

B.利息收入，按照合同约定的债务人应付利息的日期确认收入的实现

C.租金收入，在实际收到租金收入时确认收入的实现

D.接受捐赠收入，在实际收到捐赠资产时确认收入的实现

3.某银行的注册地与实际管理机构所在地均在法国，其取得的下列各项所得中，应按规定在我国缴纳企业所得税的有（　　　）。

A.转让位于我国的一处不动产取得的财产转让所得

B.在香港证券交易所购入我国某公司股票后的分红所得

C.在我国分行为我国某公司提供理财咨询服务取得的咨询服务所得

D.该银行转让位于东京的房产给北京的企业取得的所得

4.某企业2023年10月取得了下列凭证，可以作为企业所得税税前扣除凭证的有（　　　）。

A.租用厂房取得的水电费分割单

B.购买原材料取得上游公司开具的收据

C.支付贷款利息取得的银行业务凭证

D.从国外进口设备取得的海关完税凭证

5.某外国企业将2023年从中国境内A公司（非上市公司）分配的利润，用于我国境内直接投资，暂不征收预提所得税。直接投资的形式包括（　　　）。

A.增加A公司的实收资本　　　　　　B.购买境内公司发行的债券

C.新投资设立另一居民企业　　　　　D.增加A公司的资本公积

6.企业所得税税前扣除凭证管理应遵循的原则有（　　　）。

A.合理性　　　　　B.合法性　　　　　C.真实性　　　　　D.关联性

7.黛尔公司进行企业所得税汇算清缴时，对工资、薪金的合理确认应把握的原则有（　　　）。

A.不以减少或逃避税款为目的　　　　B.制定了较为规范的工薪制度

C.工资薪金可以随时调整　　　　　　D.已履行代扣代缴个税义务

8.下列非居民企业均未在我国设立机构、场所，其从我国境内取得的各项所得中，以收入全额为应纳税所得额计算缴纳企业所得税的有（　　　）。

A.杰克公司出租一台机器给西安市某公司取得的租金

B.约翰公司转让一套旧设备给扬州市某公司取得的所得

C.山本公司自南京市某公司取得的特许权使用费所得

D.琳达公司投资长沙市某企业分得的权益性投资收益

9.企业所得税纳税征收方式主要有（　　　）。

A.查账征收　　　　　B.核定定率征收　　　　C.查验征收　　　　D.核定定额征收

三、判断题

1.2023年8月B公司注销，A公司未能及时取得B公司开具的发票，但是已经通过银行转账方式收取货款。针对该情形，A公司在确实无法取得发票的情况下，可凭借合同等资料在企业所得税税前列支。（　　　）

2.Z公司2023年10月开始租用A公司的办公用房，当年度支付该办公用房的水、电、暖气等费用30万元。由于A公司采取了费用分摊方式，故Z公司可以根据A公司开具的分割单作为税前扣除凭证。（　　　）

3.永达公司是小型微利企业，在预缴企业所得税时，可以自行享受小型微利企业所得税优惠政策，无须税务机关审核批准。（　　　）

4.企业2023年度享受研发费加计扣除，需要按规定报送"研发支出"的辅助账、汇总表和归集表。（　　　）

5.评价年度内无生产经营业务收入的企业和适用企业所得税核定征收办法的企业均可参与纳税信用评价。（　　　）

6.对当期有任一税种申报记录的纳税人，税务机构不得将其认定为非正常户。（　　　）

7.中信理财公司2023年10月首次办理涉税事项，其2023年纳税信用等级应为M级。（　　　）

8.2020年，小微企业财务报表由按月报送改为按季报送。（　　　）

9.某公司2023年10月向张某个人支付了一笔微信版面设计费6 000元，并取得符合规定的发票，则该发票可以作为企业所得税税前扣除的凭证。（　　　）

10.德信公司对2023年度的企业所得税优惠事项留存备查资料，应从当年企业所得税汇算清缴期结束次日起保留5年。（　　　）

11.甲企业于2022年8月17日至2023年11月22日进行清算，甲企业应将整个清算期作为一个独立纳税年度计算清算所得。（　　　）

12.腾达公司2023年度发生资产损失，向税务机关申报扣除资产损失，仅需填报《资产损失税前扣除及纳税调整明细表》，不再报送资产损失相关资料，由该公司留存备查即可。（　　　）

第十二章 迈向共同富裕的个人所得税

第一节 纳税人及纳税义务

一、单项选择题

1.我国现行个人所得税采用的税制类型是（   ）。

A.分类所得税制

B.综合所得税制

C.综合与分类相结合所得税制

D.单一所得税制

2.自2019年1月1日起，在中国境内无住所而在境内居住满一定时间的个人为居民个人，"一定时间"是指（   ）。

A.183天   B.200天   C.360天   D.365天

3.下列人员中，属于个人所得税居民纳税人的是（   ）。

A.2023年在中国境内居住时间为156天的中国台湾同胞

B.自2023年6月15日至2023年10月31日，在中国境内工作的外籍专家

C.在中国境内无住所且不居住的外籍人员

D.在北京开设小卖部的个体工商户中国居民王某

二、多项选择题

1.根据个人所得税的有关规定，居民纳税人与非居民纳税人的划分标准有（   ）。

A.户籍所在地标准   B.住所标准

C.居住时间标准   D.国籍标准

E.工作地点所在地标准

2.根据个人所得税的有关规定，下列所得中，不论支付地点是否在中国境内，均为来源于中国境内所得的有（   ）。

A.外籍个人在中国境内任职、受雇而取得的工资、薪金所得

B.中国公民转让位于境外的土地使用权取得的所得

C.外籍个人将小汽车出租给承租人在中国境内使用而取得的所得

D.外籍个人转让在中国境内使用的专利权所得

E.中国公民因持有中国境内上市公司发行的债券，取得的债券利息所得

3.下列各项中，属于非居民纳税人的自然人的有（   ）。

A.甲在中国境内无住所且不居住，但有来源于中国境内的所得

B.乙在中国境内有住所

C.丙在中国境内无住所，且一个纳税年度居住时间不满183天

D.丁在中国境内有住所，但目前在美国留学

三、判断题

非居民个人取得工资薪金、劳务报酬、稿酬和特许权使用费所得，无论是否有扣缴义务人，均由纳税人自行申报，不办理汇算清缴。　　　　　　　（　　）

第二节　征税对象

一、单项选择题

1.房地产开发企业与商店购买者个人签订协议，以优惠价格出售其开发的商店给购买者个人，购买者个人在一定期限内必须将购买的商店无偿提供给房地产开发企业对外出租使用。根据个人所得税法的有关规定，对购买者个人少支出的购房价款，下列表述中，正确的是（　　）。

A.不需要缴纳个人所得税

B.按照"偶然所得"项目缴纳个人所得税

C.按照"财产转让所得"项目缴纳个人所得税

D.按照"财产租赁所得"项目缴纳个人所得税

2.按照个人所得税法的规定，非居民个人M女士许可中国某出版社在中国出版发行其作品而取得的所得属于（　　）。

A.财产转让所得

B.劳务报酬所得

C.特许权使用费所得

D.稿酬所得

3.下列所得项目中，属于按年计算个人所得税的是（　　）。

A.居民个人取得特许权使用费所得

B.非居民个人取得工资、薪金所得

C.居民个人取得财产租赁所得

D.非居民取得劳务报酬所得

4.下列项目中，属于劳务报酬所得的是（　　）。

A.发表论文取得的报酬

B.提供著作的版权而取得的报酬

C.将国外的作品翻译出版取得的报酬

D.高校教师受出版社委托进行审稿取得的报酬

5.个人出租建筑物、土地使用权、机器设备、车船以及其他财产取得的所得

为（　　）。

  A.财产转让所得   B.财产租赁所得

  C.偶然所得   D.特许权使用费所得

  6.个人提供专利权、商标权、著作权、非专利技术的使用权而取得的所得为（　　）。

  A.财产转让所得   B.财产租赁所得

  C.偶然所得   D.特许权使用费所得

  7.个人得奖、中奖、中彩以及其他偶然取得的所得为（　　）。

  A.劳务报酬所得   B.偶然所得

  C.特许权使用费所得   D.工资、薪金所得

  8.居民个人王先生发挥个人外语特长，利用业余时间为第三方提供外文资料翻译服务。2023年3月，王先生获得翻译报酬5 000元。那么，对于该笔报酬个人所得税的处理，下列说法中，正确的是（　　）。

  A.属于工资、薪金所得

  B.适用的税率是5%至35%

  C.该笔报酬扣除800元后的余额为应纳税所得额

  D.汇算清缴时应按纳税年度合并计算个人所得税

  9.居民纳税人取得下列所得按次征税的是（　　）。

  A.特许权使用费所得   B.利息、股息、红利所得

  C.劳务报酬所得   D.经营所得

二、多项选择题

  1.下列各项中，应按"经营所得"项目征税的有（　　）。

  A.个人因从事彩票代销业务而取得的所得

  B.私营企业的个人投资者以本企业资金为本人购买的汽车

  C.个人独资企业的个人投资者以企业资金为本人购买的住房

  D.出租汽车经营单位对出租车驾驶员采取单车承包或承租方式运营，出租车驾驶员从事客货营运取得的所得

  2.下列各项中，个人所得按"劳务报酬所得"项目缴纳个人所得税的有（　　）。

  A.外部董事的董事费收入

  B.个人兼职收入

  C.教师受聘给企业讲座取得的收入

  D.在校学生参加勤工俭学活动取得的收入

  3.下列个人收入中，应按照"特许权使用费所得"项目缴纳个人所得税的有（　　）。

  A.个人取得的特许权经济赔偿收入

  B.作家公开拍卖自己的文字作品手稿复印件的收入

C.作家公开拍卖自己写作时用过的金笔的收入

D.电视剧编剧从任职的电视剧制作中心获得的剧本使用费收入

4.下列收入中，应按照利息、股息、红利项目征收个人所得税的有（   ）。

A.个人购买上市公司股票得到的股利分红

B.合伙企业的个人投资者以企业资金为本人购买住房

C.股份有限公司的个人投资者以企业资金为本人购买汽车

D.单位经批准向个人集资支付的集资利息

5.以下所得中，应按照财产转让所得项目征收个人所得税的有（   ）。

A.个人转让债券取得的所得

B.个人转让住房取得的所得

C.个人将其收藏的已故作家文字作品手稿拍卖取得的所得

D.个人将自己的文字作品手稿拍卖取得的所得

6.下列收入中，应按"劳务报酬"所得缴纳个人所得税的有（   ）。

A.张某办理内退手续后，在其他单位重新就业取得的收入

B.王某由任职单位派遣到外商投资企业担任总经理取得的收入

C.陈某为供货方介绍业务，从供货方取得的佣金

D.演员江某外地演出取得由当地主办方支付的演出费

7.自 2019 年 1 月 1 日起，个人所得税居民纳税人（   ）作为综合所得纳税。

A.工资薪金   B.劳务报酬

C.稿酬   D.特许权使用费所得

三、判断题

1.对于个体工商户在从事生产经营时，取得的联营企业分回的利润，应将其并入个体工商户生产经营所得统一缴纳个人所得税。   （   ）

2.个人独资企业、合伙企业的个人投资者以企业资金为本人、家庭成员及其相关人员支付与企业生产经营无关的消费性支出及购买汽车、住房等财产性支出，视为企业对个人投资者利润分配，依照"利息、股息所得"项目计征个人所得税。（   ）

3.个人取得的财产转租收入，属于"财产租赁所得"的征税范围。   （   ）

4.个人取得单张有奖发票奖金所得，应全额按照个人所得税法规定的"偶然所得"征收个人所得税。   （   ）

第三节 税率

一、单项选择题

1.下列个人所得在计算应纳税所得额时，采用定额与定率相结合扣除费用的是（   ）。

A.经营所得 B.利息、红利所得

C.财产租赁所得 D.偶然所得

2.非居民个人工资、薪金所得适用的税率是（　　）。

A.20%的比例税率 B.10%的比例税率

C.5%~35%的五级超额累进税率 D.3%~45%的七级超额累进税率

3.李先生购买体育彩票中得奖金15 000元，他应按（　　）税率计算缴纳个人所得税。

A.10% B.20% C.30% D.40%

4.居民个人吴先生在2023年1月取得的下列所得中，适用税率正确的是（　　）。

A.工资、薪金所得，适用3%~45%的累进税率

B.劳务报酬所得，适用20%的比例税率

C.转让个人住房所得，适用5%~35%的累进税率

D.取得上市公司股息红利所得，适用10%的比例税率

二、多项选择题

1.在确定个人应纳税所得额时，可以采用比例扣除20%费用的所得项目有（　　）。

A.在4 000元以上的特许权使用费所得

B.在4 000元以上的财产转让所得

C.在4 000元以上的劳务报酬所得

D.在4 000元以上的稿酬所得

2.以下各项所得中，适用累进税率形式的有（　　）。

A.工资、薪金所得 B.个体工商户生产经营所得

C.财产转让所得 D.承包承租经营所得

3.个体工商户可在计算个人所得税应纳税所得额时扣除的项目包括（　　）。

A.本人工资支出

B.与生产经营有关的修理费用

C.分配给投资者的股利

D.不超过应纳税所得额30%的公益性捐赠支出

E.各种赞助支出

4.下列所得项目中，以取得的收入全额为应纳税所得额不得扣除任何费用的有（　　）。

A.稿酬所得 B.股息所得 C.利息所得

D.特许权使用费所得 E.偶然所得

5.下列关于个人所得税税率的说法中，正确的有（　　）。

A.居民个人综合所得实行七级超额累进税率

B.非居民个人稿酬实行七级超额累进税率

C.利息、股息、偶然所得实行20%比例税率

D.经营所得实行五级超额累进税率

三、判断题

1.个人拍卖文字作品原稿及复印件等财产，应以其转让收入额减除财产原值和合理费用后的余额为应纳税所得额，按照"财产转让所得"项目适用20%税率缴纳个人所得税。（　　）

2.财产租赁所得计算个人所得税时每次收入不足4 000元的，减除费用800元。（　　）

3.经营所得适用3%~45%的七级超额累进税率。（　　）

4.稿酬所得每次收入不足4 000元的，减除费用800元。（　　）

第四节　计税依据的确定

一、单项选择题

1.下列所得中，免缴个人所得税的是（　　）。

A.年终加薪　　　　　　　　　　B.拍卖本人文字作品原稿的收入

C.个人保险所获赔款　　　　　　D.从投资管理公司取得的派息分红

2.对于县级政府颁发的科学、教育、技术、文化、卫生、体育、环境保护等方面的奖金，应当（　　）。

A.征收个人所得税　　　　　　　B.免征个人所得税

C.减半征收个人所得税　　　　　D.适当减征个人所得税

3.下列应税项目中，以一个月为一次确定应纳税所得额的是（　　）。

A.劳务报酬所得　　　　　　　　B.特许权使用费所得

C.财产租赁所得　　　　　　　　D.财产转让所得

4.下列各项中，以每次收入额为应纳税所得额的是（　　）。

A.特许权使用费所得　　　　　　B.劳务报酬所得

C.利息、股息、红利所得　　　　D.财产转让所得

5.下列项目中，按照规定可以免征个人所得税的是（　　）。

A.邮政储蓄存款利息5 000元

B.个人取得的体育彩票中奖收入12 000元

C.在校学生因参与勤工俭学活动而取得的劳务收入1 000元

D.企业改制支付给解聘职工相当于上年4个月工资的一次性补偿收入5 000元

6.个人所得税法规定，非居民个人的工资、薪金所得，以每月收入额减除费用（　　）元后的余额为应纳税所得额。

A.4 800　　　　　B.5 000　　　　　C.8 000　　　　　D.6 300

7. 下列关于居民个人综合所得应纳税所得额的说法中，正确的是（　　）。

A. 居民个人的综合所得，以每一纳税年度的收入额减除费用6万元以及专项扣除、专项附加扣除和依法确定的其他扣除后的余额，为应纳税所得额

B. 居民个人的综合所得，以每一纳税年度的收入额减除费用6万元以及专项附加扣除和依法确定的其他扣除后的余额，为应纳税所得额

C. 居民个人的综合所得，以每一纳税年度的收入额减除费用6万元以及专项扣除和依法确定的其他扣除后的余额，为应纳税所得额

D. 居民个人的综合所得，以每一纳税年度的收入额减除费用5 000元以及专项扣除、专项附加扣除和依法确定的其他扣除后的余额，为应纳税所得额

8. 下列各项中，属于综合所得中依法确定的其他扣除项目的是（　　）。

A. "三险一金"　　　　　　　　　　B. 大病医疗

C. 商业健康险支出　　　　　　　　D. 保险赔款

9. 李某和其妻子钱某婚后购买一套住房，属于首套住房贷款，下列说法中，正确的是（　　）。

A. 李某和钱某均可以扣除住房贷款利息

B. 李某和钱某每月均可扣除的额度是1 000元

C. 李某和钱某可以由其中一人扣除，每月扣除额度是1 000元

D. 李某、钱某所购买住房如果在北、上、广、深等城市，扣除的标准要高于1 000元

10. 纳税人享受住房贷款利息专项附加扣除，应当留存（　　）。

A. 住房贷款合同　　　　　　　　　B. 结婚证

C. 购房发票　　　　　　　　　　　D. 物业费收据

11. 纳税人赡养（　　）父母以及其他法定赡养人的赡养支出，可以按照标准定额扣除。

A. 50岁以上　　　　　　　　　　　B. 60岁以上

C. 50岁（含）以上　　　　　　　　D. 60岁（含）以上

12. 非独生子女赡养老人专项附加扣除的分摊方式不包括（　　）。

A. 赡养人平均分摊　　　　　　　　B. 赡养人约定分摊

C. 赡养人指定分摊　　　　　　　　D. 被赡养人指定分摊

13. 纳税人A有一个妹妹，父母均在老家，均年满60岁，由在老家的妹妹负责日常照料。下列分摊方法中，正确的是（　　）。

A. A跟其妹妹约定，每人每月均摊扣除1 000元

B. A跟其妹妹约定，由A全部扣除2 000元

C. 老人指定A分摊1 500元，其妹妹分摊500元

D. 老人指定A分摊500元，其妹妹分摊1 500元

14. 纳税人享受子女教育专项附加扣除的起始时间为子女接受教育入学或年满三周岁的（　　）。

A.当月　　　　　　B.下月　　　　　　C.上月　　　　　　D.下年

15.子女教育专项附加扣除的标准是（　　）。

A.每孩每月1 500元　　　　　　B.每孩每月800元

C.每孩每月1 200元　　　　　　D.每孩每月1 000元

16.纳税人的子女接受（　　）的相关支出，可以按照每个子女规定的标准定额扣除。

A.课外辅导班　　　　　　B.全日制本科学历教育

C.兴趣辅导班　　　　　　D.家庭教师辅导

17.纳税人在境内接受学历（学位）继续教育，在学历（学位）教育期间按照每月（　　）元的标准定额扣除。

A.300　　　　　　B.400　　　　　　C.500　　　　　　D.600

18.下列支出中，不属于个人所得税专项附加扣除的是（　　）。

A.子女教育支出　　B.企业年金支出　　C.大病医疗支出　　D.住房租金支出

19.纳税人接受技能人员职业资格继续教育、专业技术人员职业资格继续教育支出，在取得证书的当年，按照（　　）元的标准定额扣除。

A.2 400　　　　　　B.3 000　　　　　　C.3 600　　　　　　D.4 800

20.纳税人发生符合条件的大病医疗支出，超过（　　）元的部分在（　　）元限额内据实扣除。

A.15 000，80 000　　　　　　B.10 000，80 000

C.15 000，60 000　　　　　　D.10 000，60 000

21.在一个纳税年度内，与基本医保相关的医药费用，扣除医保报销后个人负担部分，在一定标准内扣除。其中，扣除医保报销后个人负担部分是指（　　）。

A.医保目录范围内自费和自付部分

B.医保目录范围内自付部分

C.个人负担的所有费用

D.医保目录范围内自费部分

22.纳税人符合条件的大病医疗支出在（　　）扣除。

A.取得大病医疗服务收费等票据的当月

B.取得大病医疗服务收费等票据的下月

C.取得大病医疗服务收费等票据的下个季度

D.取得大病医疗服务收费等票据的次年3月1日至6月30日

23.住房租金专项附加扣除标准有（　　）。

A.两档　　　　　　B.三档　　　　　　C.四档　　　　　　D.五档

24.纳税人李某符合住房租金扣除条件，具体租房时间自2023年4月起，他可以开始享受住房租金扣除的具体时间是（　　）。

A.2023年3月　　B.2023年4月　　C.2023年5月　　D.2023年6月

25.学历（学位）继续教育，为在中国境内接受学历（学位）继续教育入学的当

税法习题与解答

月至学历（学位）继续教育结束的当月，同一学历（学位）继续教育的扣除期限不得超过规定时间，这个规定时间是（　　）。

    A.24个月   B.36个月   C.48个月   D.60个月

二、多项选择题

1.专项附加扣除包括（　　）。

    A.子女教育   B.继续教育   C.大病医疗   D.商业保险

2.下列项目中，不得享受个人所得税减免税优惠的有（　　）。

    A.外籍个人以实报实销形式取得的住房补贴和伙食补贴

    B.外籍个人取得搬迁费的现金补贴

    C.个人取得的保险赔款

    D.个人取得的企业债券利息收入

3.下列情形中，纳税人应当自行申报的有（　　）。

    A.取得综合所得需要办理汇算清缴的

    B.取得应税所得没有扣缴义务人的

    C.取得应税所得，扣缴义务人未扣缴税款的

    D.取得境外所得的

4.下列各项中，计算个人所得税自行申报的年所得时允许扣除的项目有（　　）。

    A.财产保险赔款   B.国家发行的金融债券利息

    C.国际组织颁发的环境保护奖金   D.商场购物取得的中奖所得

5.在计算缴纳个人所得税时，个人通过非营利性的社会团体和国家机关进行的公益性捐赠，准予在应纳税所得额中全额扣除的有（　　）。

    A.向红十字事业捐赠   B.向农村义务教育捐赠

    C.向地震灾区捐赠   D.向公益性青少年活动场所捐赠

6.下列项目中，免征、减征、不征个人所得税的有（　　）。

    A.职工个人以股份形式取得拥有所有权的企业量化资产

    B.军烈属所得

    C.符合条件的生活补助费

    D.商业保险赔款

7.下列项目中，免征个人所得税的有（　　）。

    A.按照国家统一规定发给干部、职工的安家费、退职费、退休工资、离休工资、离休生活补助费

    B.个人实际领（支）取原提存的基本养老保险金、基本医疗保险金、失业保险金和住房公积金

    C.个人在上海证券交易所、深圳证券交易所转让从上市公司公开发行和转让市场取得的上市公司股票转让所得

    D.个人转让自用达2年以上，并且是唯一的家庭生活用房取得的所得

8.纳税人取得劳务报酬所得、特许权使用费所得，下列关于计算应纳税所得额的说法中，正确的有（　　　）。

A.居民个人取得的劳务报酬所得、特许权使用费所得汇算清缴时，将劳务报酬所得、特许权使用费所得的收入额，扣除20%的费用后的余额计入综合所得的收入额

B.非居民个人取得的劳务报酬所得、特许权使用费所得，以每次收入额扣除20%的费用后的余额为收入额

C.非居民个人取得的劳务报酬所得、特许权使用费所得汇算清缴时，将劳务报酬所得、特许权使用费所得的收入额，扣除20%的费用后的余额计入综合所得的收入额

D.居民个人取得的劳务报酬所得、特许权使用费所得，以每次收入额扣除20%的费用后的余额为收入额

三、判断题

1.个人将其应税所得，全部用于公益救济性捐赠，将不承担缴纳个人所得税义务。　　　　　　　　　　　　　　　　　　　　　　　　　　　（　　　）

2.个人独资企业与其他企业联营而分得的利润，免征个人所得税。（　　　）

3.劳务报酬收入一次性超过20 000元的，在扣缴个人所得税时应加成征税。
　　　　　　　　　　　　　　　　　　　　　　　　　　　　　（　　　）

4.个人提取原交纳的住房公积金、医疗保险金免征个人所得税。（　　　）

5.对非居民纳税人来源于中国境内但支付地点在国外的所得，免征个人所得税。
　　　　　　　　　　　　　　　　　　　　　　　　　　　　　（　　　）

6.城镇企事业单位及职工个人按照《失业保险条例》规定的比例实际缴付的失业保险费，均不计入职工个人当期工资、薪金收入，免予征收个人所得税。（　　　）

7.减征个人所得税，具体幅度和期限，由省、自治区、直辖市人民政府规定，并报同级人民代表大会常务委员会备案。　　　　　　　　　　　　（　　　）

8.提供著作权的使用权取得的所得，不包括稿酬所得。　　　　　（　　　）

9.对个人转让5年以上生活用房取得的所得，免征个人所得税。（　　　）

四、计算题

中国公民S在武汉工作，2023年取得工资薪金120 000元，年终奖60 000元（选择并入当年综合所得计算纳税），专项扣除金额2 500元/月。S有个上小学的儿子，首套房在还贷期间，为了照顾孩子租住房屋，一个月租金2 000元；S是独生子女，父母均满60周岁；2023年S考取税务师证书；同时全年取得劳务报酬10 000元，全年取得稿酬5 000元；出租房屋每个月租金3 000元。S与其配偶约定子女教育和住房贷款利息均在S税前扣除。

要求：计算中国公民S在2023年应缴纳的个人所得税。

税法习题与解答

第五节 应纳税额的计算

一、单项选择题

1.2023年5月，居民朱某取得稿酬3 000元，并入缴纳个人所得税综合所得的金额为（　　）元。

A.3 000　　　　　B.2 200　　　　　C.2 400　　　　　D.1 680

2.假设居民个人小刘2023年取得工资薪金10万元，转让股票所得2万元，为其他单位设计产品收入1万元，发表文章稿费0.5万元，小刘2023年取得的综合所得收入额为（　　）万元。

A.13.5　　　　　B.11.5　　　　　C.11.2　　　　　D.11.08

3.法国某公司派其雇员塞米尔来我国某企业安装、调试电器生产线，塞米尔于2023年2月1日来华，中方给予月工资合人民币20 000元。塞米尔2月份在我国应被扣缴义务人代扣代缴的个人所得税为（　　）元。

A.5 925　　　　　B.1 590　　　　　C.2 975.81　　　　　D.2 750.63

4.2023年2月，居民个人李某税前工资为7 000元，税前劳务报酬为5 000元，税前稿酬为6 000元，税前特许权使用费收入为6 000元。应纳个人所得税的收入额为（　　）元。

A.2 409　　　　　B.7 925　　　　　C.19 160　　　　　D.22 630

5.韩国居民崔先生受其供职的境外公司委派，来华从事设备安装调试工作，在华停留60天，其间取得境外公司支付的工资40 000元，取得中国体育彩票中奖收入20 000元。崔先生应在中国缴纳个人所得税（　　）元。

A.4 000　　　　　B.5 650　　　　　C.9 650　　　　　D.10 250

6.依据《关于将商业健康保险个人所得税试点政策推广到全国范围实施的通知》（财税〔2017〕39号），对个人购买符合规定的商业健康保险产品的支出，允许在当年（月）计算应纳税所得额时予以税前扣除，扣除限额为（　　）。

A.3 500元/年　　　B.2 400元/年　　　C.1 300元/年　　　D.4 000元/年

7.关于我国个人所得税法中规定的境外所得税收抵免制度，下列说法中，正确的是（　　）。

A.只适用于居民个人

B.非居民个人可以选择是否适用

C.抵免方式是综合抵免

D.抵免税款金额是全额抵免

118

8.非居民个人约翰2023年9月在我国某出版社出版一部长篇小说,取得稿酬收入100 000元(不含税),该出版社应代扣代缴个人所得税( )元。

A.10 040 B.12 440 C.20 840 D.15 400

9.纳税人照护3岁以下婴幼儿子女的相关支出,按照每个婴幼儿每月( )元的标准定额扣除。

A.1500 B.2000 C.1 000 D.500

10.居民个人齐某将个人的奔驰轿车出租给婚庆公司使用,2023年1月取得租金收入1万元。齐某该月的租金所得应纳个人所得税( )元。

A.1 000 B.1 600 C.1 840 D.2 000

二、多项选择题

1.王先生出租房屋取得财产租赁收入在计算个人所得税时,可扣除的费用包括( )。

A.租赁过程中王先生缴纳的房产税

B.根据收入高低使用800元或收入20%的费用扣除标准

C.王先生付出的该出租财产的修缮费用

D.租赁过程中王先生缴纳的教育费附加和印花税

2.实行查账征税办法的个人独资企业和合伙企业生产经营所得,确定个人所得税应纳税所得额时不准予扣除的项目有( )。

A.投资者的工资

B.投资者及其家庭发生的生活费用

C.企业计提的各种准备金

D.企业从业人员计税标准内的工资支出

3.计算商铺租赁所得个人所得税时,可以在税前扣除的是( )。

A.缴纳的印花税

B.违章租赁的罚款

C.缴纳的城市维护建设税

D.出租人负担的修缮费用800元

4.依据《关于开展商业健康保险个人所得税政策试点工作的通知》,下列属于适用商业健康保险税收优惠政策纳税人的有( )。

A.取得财产转让所得的个人

B.取得工资薪金所得的个人

C.取得连续性劳务报酬所得的个人

D.取得个体工商户生产经营所得的个体工商户业主

5.计算个人所得税综合所得应纳税所得额时,下列支出中,可以扣除的是( )。

A.个人购买的互助型医疗保险支出

B. 个人购买的税收递延型商业养老保险支出

C. 个人缴付的符合国家规定的企业年金支出

D. 个人购买的符合国家规定的商业健康保险支出

6. 下列关于专项附加扣除的说法中，不正确的有（　　）。

A. 具体包括：子女教育支出、继续教育支出、大病医疗支出、住房贷款利息和住房租金支出

B. 只在年度综合所得汇算清缴时扣除

C. 2019 年 1 月 1 日起预缴时也能扣除

D. 若月工资收入不超过 5 000 元，无须报送专项附加扣除信息

三、判断题

1. 对纳税人在 2018 年 10 月 1 日（含）后实际取得的工资、薪金所得，减除费用统一按照 5 000 元/月执行。　　　　　　　　　　　　　　　　　　　　　　　（　　）

2. 某演员应邀拍电视片获得酬金 3 万元，组织者应代扣代缴 4 800 元的个人所得税。　　　　　　　　　　　　　　　　　　　　　　　　　　　　　　　　（　　）

3. 个人取得税法规定的应税所得项目中的两项或两项以上所得的，应合并计算缴纳个人所得税。　　　　　　　　　　　　　　　　　　　　　　　　　　　　　（　　）

4. 企事业单位统一组织并为员工购买符合规定的商业健康保险产品的支出，应分别计入员工个人工资、薪金所得，视同个人购买，按限额予以扣除。　　　　（　　）

5. 个体工商户为从业人员缴纳的补充养老保险费、补充医疗保险费，分别在不超过从业人员工资总额 5% 标准内的部分据实扣除；超过部分，不得扣除。　　（　　）

6. 依据《关于上市公司股息红利差别化个人所得税政策有关问题的通知》，个人从公开发行和转让市场取得的上市公司股票，持股期限在 1 个月以上至 1 年（含 1 年）的，暂按 15% 的税率计算缴纳个人所得税。　　　　　　　　　　　　　　（　　）

7. 个体工商户和个人独资、合伙企业投资者取得的生产、经营所得应纳的税款，分月预缴的，纳税人在每月终了后 15 日内办理纳税申报；分季预缴的，纳税人在每个季度终了后 15 日内办理纳税申报。纳税年度终了后，纳税人在 5 个月内进行汇算清缴。　　　　　　　　　　　　　　　　　　　　　　　　　　　　　　（　　）

四、计算题

2023 年，小李税前月收入为 10 000 元，享受子女教育扣除 1 000 元/月、住房租金扣除 1 500 元/月、赡养老人扣除 1 000 元/月，每个月专项扣除金额为 2 200 元，2023 年 12 月份发放奖金 50 000 元。

要求：计算 2023 年小李应纳个人所得税额税额。

第六节　源泉扣缴

一、单项选择题

1.下列所得中，需要预扣预缴的是（　　　）。

A.居民个人取得工资薪金　　　　　　　　B.居民个人取得租赁所得

C.非居民个人取得工资薪金　　　　　　　D.居民个人取得财产转让所得

2.纳税人取得经营所得，向经营管理所在地主管税务机关办理预缴申报时，应报送的表格是（　　　）。

A.《个人所得税经营所得纳税申报表（A表）》

B.《个人所得税经营所得纳税申报表（B表）》

C.《个人所得税经营所得纳税申报表（C表）》

D.《个人所得税专项附加扣除信息表》

二、多项选择题

1.居民个人取得劳务报酬预扣预缴的规定有（　　　）。

A.以每次收入额为预扣预缴应纳税所得额

B.适用三级累进扣除率

C.每次收入不超过4 000元的，减除费用按800元计算

D.每次收入4 000元以上的，减除费用按收入的20%计算

2.下列关于扣缴义务人的说法中，正确的有（　　　）。

A.扣缴义务人对纳税人提供的《个人所得税专项附加扣除信息表》，应当按照规定妥善保存备查

B.扣缴义务人应当依法对纳税人报送的专项附加扣除等相关涉税信息和资料保密

C.扣缴义务人对纳税人向其报告的相关基础信息变化情况，应当于次月扣缴申报时向税务机关报送

D.扣缴义务人应当按照纳税人提供的信息计算办理扣缴申报，不得擅自更改纳税人提供的信息

三、计算题

1.某居民个人取得劳务报酬所得2 000元，取得稿酬所得40 000元。

要求：计算这两笔所得应预扣预缴税额。

2.2023年1月8日，某生物科技有限公司向杨女士支付工资13 500元，扣缴"三险一金"2 560元，杨女士缴付企业年金540元、商业健康保险费200元。两个孩子教育支出符合扣除标准，已与丈夫约定由杨女士按子女教育专项附加扣除标准的100%扣除；杨女士本人是在职博士研究生在读；购买了首套住房，现处于偿还贷款期间，与丈夫约定由杨女士进行住房贷款利息专项附加扣除；因杨女士所购住房距离小孩上学的学校很远，以每月租金1 200元在（本市）孩子学校附近租住了一套房屋；杨女士的父母均已满60岁（每月均领取养老保险金），杨女士与姐姐和弟弟签订书面分摊协议，约定由杨女士分摊赡养老人专项附加扣除800元。

2023年2月2日，某生物科技有限公司支付杨女士工资13 500元，同时发放春节的过节福利费4 500元，合计18 000元。单位扣缴"三险一金"，杨女士缴付企业年金、商业健康保险费等金额均与1月份相同。杨女士可享受的各类专项附加扣除也与1月份相同。

要求：计算2023年1—2月某生物科技有限公司应预扣预缴杨女士个人所得税税额。

第七节　税收优惠和征管

一、单项选择题

1.居民个人所得税需要办理汇算清缴的，应当在取得所得的次年（　　）办理汇算清缴。

A.1月1日至3月31日　　　　　　　　　B.3月1日至6月30日

C.1月1日至5月31日　　　　　　　　　D.1月1日至3月1日

2.纳税人因移居境外注销中国户籍的，应当（　　）。

A. 在注销中国户籍后办理税款清算

B. 离境前办理税款清算

C. 在注销中国户籍前办理税款清算

D. 离境后办理税款清算

3.扣缴义务人每月或者每次预扣、代扣的税款，应当在次月（　　）前缴入国库，并向税务机关报送扣缴个人所得税申报表。

A.5日　　　　　　B.15日　　　　　　C.10日　　　　　　D.20日

4.对扣缴义务人所扣缴的税款，税务机关应支付（　　）的手续费。

A.2%　　　　　　B.3%　　　　　　C.4%　　　　　　D.5%

二、多项选择题

1.下列说法中，正确的有（　　）。

A.个人所得税以所得人为纳税人

B.以支付所得的单位或者个人为扣缴义务人

C.纳税人有中国公民身份证号码的，以中国公民身份证号码为纳税人识别号

D.纳税人没有中国公民身份证号码的，以护照上号码为纳税人识别号

2.下列关于代扣代缴相关问题的说法中，正确的有（　　）。

A.个人所得税代扣代缴义务人一般是支付方

B.代扣代缴义务人对于居民个人工资薪金在日常预缴时可以每月扣除 5 000 元基本减除费用

C.在日常预缴时，代扣代缴义务人不能拒绝对居民个人的专项附加扣除项目进行扣除

D.税务机关按照所扣缴的税款支付 3% 的手续费

三、判断题

1.非居民个人在中国境内从两处以上取得工资、薪金所得不需要自行申报。
（　　）

2.居民个人取得综合所得，按年计算个人所得税；有扣缴义务人的，由扣缴义务人按月或者按次预扣预缴税款。
（　　）

3.居民个人向扣缴义务人提供专项附加扣除信息的，扣缴义务人按月预扣预缴税款时应当按照规定予以扣除，不得拒绝。
（　　）

4.个人所得税汇算清缴退税只能由扣缴义务人办理。
（　　）

5.公安、人民银行、金融监督管理等相关部门应当协助税务机关确认纳税人的身份、金融账户信息。
（　　）

6.个人所得税法对居民纳税人综合所得采取代扣代缴和自行申报相结合的方式，按年计税，按月、按次预缴或扣缴税款。
（　　）

四、简答题

对居民个人取得综合所得采取新的征管模式，由原来按月、按次征税改为按年计税，实行"代扣代缴、自行申报，汇算清缴、多退少补，优化服务、事后抽查"的征管模式，新的征管模式具体如何操作？

第十三章　经济全球化下的我国关税

第一节　征税范围及纳税人

一、单项选择题

1.下列各项中，不属于关税纳税义务人的是（　　）。

A.进口货物的收货人　　　　　　　　B.出口货物的发货人

C.运输工具的所有人　　　　　　　　D.进境物品的携带人

2.下列关于关税特点的说法中，正确的是（　　）。

A.关税的高低对进口国的生产影响较大，对国际贸易影响不大

B.关税是多环节征收的价内税

C.关税是单一环节征收的价外税

D.关税不仅对进出境的货物征税，还对进出境的劳务征税

3.关税按征税性质可以分为（　　）。

A 普通关税、优惠关税和差别关税

B.进口关税、出口关税和过境关税

C.从量税和从价税

D.关税壁垒和非关税壁垒

4.下列关于关税纳税义务人的说法中，错误的是（　　）。

A.对于携带进境的物品，推定其携带人为所有人

B.对分离运输的行李，推定相应的进出境旅客为所有人

C.对以邮递方式进境的物品，推定其收件人为所有人

D.以邮递或其他运输方式出境的物品，推定其收件人为所有人

二、多项选择题

1.下列各项中，属于关税征税对象的有（　　）。

A.贸易性商品

B.个人邮寄物品

C.入境旅客随身携带的行李和物品

D.馈赠物品或以其他方式进入关境的个人物品

2.进境物品的纳税义务人是指（　　）。

A.携带物品进境的入境人员　　　　　B.进境邮递物品的收件人

C.以其他方式进口物品的收件人　　　D.进境物品的邮寄人

3.下列关于关税征税对象的说法中，正确的有（　　　）。

A.关税征税对象是准许进出境的货物和物品

B.跨境电子商务零售商品按"货物"征税

C.物品是非贸易性商品

D.关税既对有形货品征税，也对无形货品征税

4.下列关于关税征税对象的说法中，不正确的有（　　　）。

A.关税的征税对象是准许进出境的货物，但是不包括物品

B.香港虽是我国的单独关境区，但是其完全适用内地海关法律、法规等

C.飞机上的乘务人员携带进口的自用物品属于关税的征税对象

D.个人邮寄的物品属于关税的征税对象

三、判断题

1.进口货物的发货人是我国关税纳税人。　　　　　　　　　　　　　（　　　）

2.物品指入境旅客随身携带的行李物品、个人邮递物品、各种运输工具上的服务人员携带进口的自用物品、馈赠物品以及以其他方式进境的个人物品。（　　　）

3.跨境电子商务零售商品按"物品"征税。　　　　　　　　　　　　（　　　）

4.关税法定纳税义务人仅指进口货物收货人和出口货物发货人。　　　（　　　）

第二节　税目与税率

一、单项选择题

1. 关税税率随进口商品价格由高到低而由低到高设置，这种关税税率称为（　　　）。

A.从价税　　　　　　B.从量税　　　　　　C.复合税　　　　　　D.滑准税

2.适用原产于与我国签订含有关税优惠条款的区域性贸易协定的国家或者地区的进口货物的关税税率是（　　　）。

A.最惠国税率　　　B.特惠税率　　　C.协定税率　　　D.普通税率

3.下列关于关税税率的说法中，正确的是（　　　）。

A.征收报复性关税的货物，适用国别及适用税率，由国务院关税税则委员会决定并公布

B.特惠税率适用于原产于我国参加的含有关税优惠条款的区域性贸易协定的有关缔约方的进口货物

C.协定税率适用于原产于与我国签订有特殊优惠关税协定的国家或地区的进口货物

D.按照国家规定实行关税配额管理的进口货物，关税配额内，按其适用税率的规定执行

二、多项选择题

1.我国进口关税的计税方法包括（　　　）。

A.从量定额计税

B.从价定率计税

C.核定税额计税

D.从量定额和从价定率同时采用的复合计税

2.已申报进境并且放行的保税货物、减免税货物、租赁货物或者已申报进出境并且放行的暂时进出境货物，应当适用海关接受纳税义务人再次填写报关单申报办理纳税及有关手续之日实施的税率缴纳税款的有（．　　）。

A.保税货物经批准不复运出境的

B.保税仓储货物转入国内市场销售的

C.减免税货物经批准转让或者移作他用的

D.可以暂不缴纳税款的暂时进出境货物，经批准复运出境或者进境的

3.根据《中华人民共和国进出口关税条例》的规定，我国进口关税的法定税率包括（　　　）。

A.最惠国税率　　　　B.普通税率　　　　C.协定税率　　　　D.暂定税率

4.下列关于关税税率适用的表述中，正确的有（　　　）。

A.保税仓储货物转入国内市场销售的，应当适用海关接受纳税义务人再次填写报关单申报办理纳税及有关手续之日实施的税率

B.进口货物到达前，经海关核准先行申报的，应当适用装载该货物的运输工具申报进境之日实施的税率

C.可以暂不缴纳税款的暂时进出境货物，经批准不复运出境或者进境的，应当适用暂时进出境之日实施的税率

D.保税货物经批准不复运出境的，应当适用海关接受纳税义务人再次填写报关单申报办理纳税及有关手续之日实施的税率

5.在我国加入世界贸易组织之后，关税减征以（　　　）为基准。

A.特惠税率　　　　B.最惠国税率　　　　C.协定税率　　　　D.普通税率

三、判断题

1.进口货物原产于适用最惠国税率、协定税率和特惠税率的国家或地区以外的其他国家或地区的，以及原产地不明的，适用普通税率。　　　　　　　　　（　　　）

2.进口货物先申报后入关的，应当按照装载此货物的运输工具申报进境之日实施的税率征税。　　　　　　　　　　　　　　　　　　　　　　　　　（　　　）

3.暂定税率优先于优惠税率或最惠国税率适用，按普通税率征税的进口货物不适用暂定税率。　　　　　　　　　　　　　　　　　　　　　　　　　（　　　）

4.进口税率的选择适用与原产地有直接关系，原产地不明的货物实行配额税率。（　　　）

第三节 计税依据及应纳税额的计算

一、单项选择题

1.以租金方式对外支付的租赁货物,在租赁期间征收关税的完税价格是( )。

A.海关审定的租金

B.海关审定的留购价格

C.进口方向海关提供的价格

D.一般进口货物估定的完税价格

2.关于进出口货物完税价格中的运费、保险费的计算,下列说法中,正确的是( )。

   A.陆运进口的货物如成交价格中包含运、保、杂费支付至内地到达口岸的,关境的第一口岸至内地一段的运费和相关费用、保险费应扣除

   B.进口货物以离岸价格成交的,应加上途中实际支付的运保费,实际支付的运保费无法确定时,进口人可按以往的运费率和保险费率计算

   C.进口货物的保险费无法确定时,可按"货价加运费"两者总额的5‰计算保险费

   D.出口货物的销售价格包括离境口岸至境外口岸之间的运费、保险费的,该运费、保险费应当扣除

3.关于关税的完税价格,下列说法中,正确的是( )。

A.进料加工进口料件申报内销时,海关应以料件销售时的成交价格为基础审查确定完税价格

B.进口货物的成交价格无法确定时,海关应直接采用倒扣价格估价的方法

C.由买方负担的经纪费用应计入完税价格中

D.设备进口后发生的安装费用应计入完税价格中

4.下列项目中,属于进口完税价格组成部分的是( )。

A.进口人向境外自己的采购代理人支付的劳务费

B.进口人向中介机构支付的经纪费

C.进口设施的安装调试费用

D.货物运抵境内输入地点起卸之后的运输费用

5.某贸易公司进口一批红酒,成交价格为200万元人民币,关税税率为14%,货物运费费率为2%,进口货物的保险费无法确定,该贸易公司应缴纳关税( )万元。

A.28.04   B.28.64   C.28.65   D.28.56

6.下列关于出口货物关税完税价格的说法中,正确的是( )。

A.完税价格包括关税

B.在输出地点装载前发生的运费应包含在完税价格中

C.在货物价款中单独列明由卖方承担的佣金应包含在完税价格中

D.在货物价款中单独列明的货物运至境内输出地点装载后的运输费应包含在完税价格中

7.甲公司进口一台机器设备，成交价格为4 500万元人民币，起卸前的运费和保险费共计1.50万元，购货佣金为4万元，进口关税税率为15%，则甲公司应缴纳的进口关税为（　　）。

A.60万元　　　　　　B.60.18万元　　　　　C.675.225万元　　　D.60.825万元

二、多项选择题

1.下列进口货物海关估价方法中，符合规定的有（　　）。

A.倒扣价格方法　　　　　　　　　　B.计算价格方法

C.货物在出口地市场的销售价格方法　　D.类似货物成交价格方法

2.下列各项中，不符合对特殊进口货物完税价格规定的有（　　）。

A.运往境外修理的机械，应当以海关审定的境外修理费和料件费，以及该货物复运进境的运输及其相关费用、保险费估定完税价格

B.准予暂时进口的施工机械，以同类货物的离岸价格为完税价格

C.转让进口的免税货物，以原入境地到岸价为完税价格

D.留购的进口货样，以留购价格作为完税价格

3.下列费用中，未包括在进口货物的实付或者应付价格中，应当计入完税价格的有（　　）。

A.由买方负担的除购货佣金以外的佣金和经纪费

B.由买方负担的在审查确定完税价格时与该货物视为一体的容器费用

C.由买方负担的包装材料费

D.卖方直接从买方对该货物进口后转售中获得的收益

4.进口货物的价款中单独列明的下列税收、费用，不计入该货物的完税价格的有（　　）。

A.厂房、机械或者设备等货物进口后发生的保修费用

B.进口货物运抵中华人民共和国境内输入地点起卸后发生的运输费及其相关费用、保险费

C.进口关税、进口环节海关代征税及其他国内税

D.为在境内复制进口货物而支付的费用

三、判断题

1.货物运抵境内输入地点之后的运输费用需要计入关税完税价格。　　　　（　　）

2.进口人向自己的境外采购代理人支付的购货佣金不需要计入关税完税价格。

（　　）

3.单独核算的境外技术培训费用应计入进口货物关税完税价格。　　　（　　）

4.邮运进口的货物，应当以邮费作为运输及其相关费用、保险费。　　（　　）

四、计算题

1.某企业从境外公司引进钢结构产品自动生产线，境外成交价格（FOB）1 600万元。该生产线运抵我国输入地点起卸前的运费和保险费120万元，境内运输费用12万元；由买方负担的经纪费10万元、包装材料和包装劳务费20万元、与生产线有关的境外开发设计费用50万元、生产线进口后的现场培训指导费用200万元。取得海关开具的完税凭证及国内运输部门开具的合法运输发票。

要求：计算进口业务应缴纳的进口环节关税（该生产线进口关税税率为30%）。

2.有进出口经营权的某外贸公司，2023年3月经有关部门批准从境外进口小轿车30辆，每辆小轿车货价15万元，运抵我国海关前发生的运输费用、保险费用无法确定，经海关查实其他运输公司相同业务的运输费用占货价的比例为2%。向海关缴纳了相关税款，并取得了完税凭证。

要求：计算小轿车在进口环节应缴纳的关税（小轿车进口关税税率为60%）。

3.我国某公司2023年3月从国内甲港口出口一批锌锭到国外，货物成交价格170万元（不含出口关税），其中包括货物运抵甲港口装载前的运输费10万元、单独列明支付给境外的佣金12万元。甲港口到国外目的地港口之间的运输保险费为20万元。锌锭出口关税税率为20%。

要求：计算该公司出口锌锭应缴纳的出口关税。

第四节　征收管理与优惠

一、单项选择题

1.某进出口公司2023年3月8日进口一批货物，海关于当日填发税收缴款书，该纳税人一直没有纳税。海关从（　　）起可对其实施强制扣缴措施。

A.3月16日　　　　B.3月23日　　　　C.6月9日　　　　D.6月23日

2.纳税义务人或其代理人应在海关填发税收缴款书之日起（　　）内，向指定银行缴纳税款。

    A.15日   B.30日   C.7日   D.10日

3.下列关于跨境电子商务零售进口商品征税规定的表述中，正确的是（   ）。

A.按物品征收进口关税

B.纳税人是电子商务企业、电子商务交易平台

C.跨境电子商务零售进口商品的单次交易限值由人民币2 000元提高至5 000元，年度交易限值由人民币20 000元提高至26 000元

D.限值以内免征关税、进口环节增值税、消费税

二、多项选择题

1.下列关于关税的征收管理的规定的说法中，正确的有（   ）。

A.进口货物自运输工具申报进境之日起14日内，出口货物在货物运抵海关监管区后装货的24小时以前，向货物进（出）境地海关申报

B.关税延期缴纳税款的期限最长不得超过6个月

C.关税滞纳按滞纳税款万分之五的比例按日征收，法定节假日可予扣除

D.进出境货物和物品放行后，海关发现少征或者漏征税款，应当自缴纳税款或者货物、物品放行之日起2年内，向纳税义务人补征

2.下列进口货物中，免征关税的有（   ）。

A.无商业价值的广告品

B.商业宣传用（超过6个月）的货样

C.外国政府无偿赠送的物资

D.关税税额在人民币50元以下的货物

3.下列措施中，属于《中华人民共和国海关法》赋予海关可以采取的强制措施的有（   ）。

    A.变价抵缴   B.强制扣缴

    C.补征税额   D.征收关税滞纳金

4.某公司进口机械设备一套，关税完税价格为人民币1 000万元，（进口关税税率为10%），海关于2023年8月1日填发税收缴款书，公司于2023年8月28日才缴纳税款。下列说法中，正确的有（   ）。

A.8月1日至8月15日免滞纳金

B.8月16日至8月28日，13天应缴滞纳金

C.8月15日至8月27日，13天应缴滞纳金

D.应缴滞纳金0.65万元

三、判断题

1.进出境运输工具装载的途中必需的燃料、物料和饮食用品免征关税。（   ）

2.纳税义务人应当自海关填发税收缴款书之日起15日内向指定银行缴纳税款。（   ）

3.补征是因非纳税人违反海关规定造成的少征或漏征关税，关税补征期为缴纳税款或货物放行之日起3年内。（　　）

4.关税追征，是因纳税人违反海关规定造成少征或漏征关税，关税追征期为自纳税人应缴纳税款之日起3年内，并加收万分之五的滞纳金。（　　）

第十四章　数字化转型下的税收征收管理法

第一节　税务登记管理

一、单项选择题

1.纳税人的税务登记内容发生变化时，应当依法向原税务登记机关申报办理（　　）。

A.注销税务登记　　　　　　　　B.变更税务登记

C.开业税务登记　　　　　　　　D.注册税务登记

2.下列情况中，纳税人需要到税务机关申报办理注销登记的是（　　）。

A.增设或撤销分支机构的

B.改变生产经营期限和隶属关系的

C.改变开户银行或账号的

D.改变住所或经营地点涉及主管税务机关变动的

3.企业变更税务登记的适用范围不包括（　　）。

A.改变纳税人名称、法定代表人的

B.改变经济性质或企业类型的

C.改变注册资金的

D.因住所、经营地点或产权关系变更而涉及改变主管税务机关的

4.从事生产经营的纳税人的账簿、会计凭证、报表、完税凭证及其他有关纳税资料应保存（　　）。

A.3年　　　　　　B.5年　　　　　　C.10年　　　　　　D.15年

二、多项选择题

1.纳税人必须持营业执照办理的税务事项有（　　）。

A.开立银行账户　　　　　　　　B.领购发票

C.申请减、免、退税　　　　　　D.申请办理停业歇业

2.税务登记的种类包括（　　）。

A.开业登记　　　B.注销登记　　　C.变更登记　　　D.重新登记

3.纳税人在办理注销税务登记前，应向税务机关（　　）。

A.结算税款   B.结算滞纳金

C.缴销发票   D.上报账簿、凭证、报表

三、判断题

1. 根据《中华人民共和国税收征收管理法》的有关规定：未按照规定期限申报办理税务登记、变更或者注销税务登记的，由税务机关责令限期改正，可以处 2 000 元以下的罚款；情节严重的，处 2 000 元以上 10 000 元以下的罚款。 （   ）

2. 我国自 2016 年 10 月 1 日起实现"五证合一、一照一码"。 （   ）

3. 增值税一般纳税人资格实行登记制，登记事项由增值税纳税人向其主管税务机关办理。 （   ）

四、案例分析题

1. 某公司 2023 年开业并办理了税务登记。两个月后，税务机关发来一份税务事项通知书，称该公司未按规定期限办理纳税申报（每月 1—7 日为申报期限），并处罚款。公司经理对此很不理解，到税务机关辩称，本公司虽已开业两个月，但尚未做成生意，没有收入又如何办理纳税申报呢？

要求：请你分析并判断该公司的做法有无错误。如有错，错在哪里，应如何处理？

2. 某税务所 2023 年 6 月 12 日接到群众举报，辖区内友好饭店（系个体）开业近两个月尚未办理税务登记。6 月 14 日，该税务所对友好饭店进行税务检查。经查，该饭店 2023 年 4 月 26 日正式营业，没有办理税务登记。根据检查情况，税务所于 6 月 16 日作出责令该饭店于 6 月 23 日前办理税务登记并处以 500 元罚款的决定。

要求：请回答本处理决定是否有效？为什么？

第二节　税款征收

一、单项选择题

1. 下列税种中，属于中央和地方共享税的是 （   ）。

A.消费税   B.增值税   C.土地增值税   D.车辆购置税

2. 下列各项中，不能作为纳税担保人的是 （   ）。

A.公民　　　　　　B.法人　　　　　　C.国家机关　　　　D.其他经济组织

3.纳税人在（　　）的情况下，不能申请延期缴纳税款。

A.遇有不可抗力

B.经营亏损

C.遭受自然灾害

D.当期货币资金在扣除应付职工薪酬、社会保险费后不足以缴纳税款

4.纳税人自己发现超过应纳税额缴纳的税款，可以自结算缴纳税款之日起（　　）内要求退还。

A.5年　　　　　　B.3年　　　　　　C.2年　　　　　　D.1年

5.纳税人因有特殊困难，不能按期缴纳税款的，经省、自治区、直辖市税务局批准，可以延期缴纳税款，但最长不得超过（　　）。

A.1个月　　　　　B.2个月　　　　　C.3个月　　　　　D.4个月

6.对于会计账簿、凭证、核算制度等比较健全，能够据以如实核实生产经营情况，正确计算应纳税款的纳税人，可以采取的税款征收方式是（　　）。

A.查账征收　　　　B.查定征收　　　　C.查验征收　　　　D.定期定额征收

7.因纳税人或扣缴义务人计算错误等失误，未缴或者少缴税款的，税务机关可以（　　）追征。

A.在3年内　　　　B.在5年内　　　　C.在10年内　　　　D.无限期

8.纳税人未按照规定期限缴纳税款的，扣缴义务人未按照规定期限解缴税款的，税务机关除责令限期缴纳外，从滞纳税款之日起，按日加收滞纳税款（　　）的滞纳金。

A.2‰　　　　　　B.5‰　　　　　　C.5‱　　　　　　D.2‱

二、多项选择题

1.下列关于税款追征制度的表述中，正确的有（　　）。

A.因纳税人、扣缴义务人计算失误等，未缴或少缴税款的，税务机关可在3年或5年内追征税款、滞纳金

B.因纳税人非主观故意的计算公式运用错误，造成少缴税款的，税务机关在追征税款时不得加收滞纳金

C.纳税人隐瞒收入少缴税款的，税务机关可将追征期延长至5年

D.因税务机关的责任致使纳税人少缴税款的，税务机关在追征税款时不得加收滞纳金

2.纳税人有下列情形之一的，税务机关有权核定其应纳税额（　　）。

A.依照法律、行政法规的规定应当设置但未设置账簿的

B.擅自销毁账簿或拒不提供纳税资料的

C.纳税人申报计税依据明显偏低，又无正当理由的

D.依照法律、行政法规的规定可以不设置账簿的

3.下列情形中，在纳税期内纳税人必须向主管税务机关办理纳税申报的有（　　）。

A.有应税收入　　　　　　　　　　B.有应税所得

C.无应税收入、所得　　　　　　　D.减免税期间

4.税款优先的原则是指（　　）。

A.税收优先于无担保债权

B.税收优先于罚款、没收非法所得

C.税收优先于留置权的执行

D.纳税人发生欠税在前的，税收优先于抵押权

5.实行定期定额缴纳税款的纳税人，可以实行（　　）等申报纳税方式。

A.简易申报　　　B.简并征收　　　C.正常申报　　　D.正常征收

6.纳税人有（　　）行为且对国家税收造成损害的，税务机关可以行使撤销权。

A.放弃到期债权

B.怠于行使到期债权

C.无偿转让财产

D.以明显不合理的低价转让财产且受让方知道该情形

7.在税款征收中，税收强制执行措施的对象包括（　　）。

A.从事生产经营的纳税人　　　　　B.扣缴义务人

C.被处罚的当事人　　　　　　　　D.纳税担保人

8.欠缴税款的纳税人因怠于行使到期债权，或者放弃到期债权，或者无偿转让财产，或者以明显不合理的低价转让财产而受让人知道该情形的，税务机关可依照相关法律规定行使（　　）。

A.代理权　　　　　B.代位权　　　　　C.强制执行权　　　　D.撤销权

第三节　税务检查

一、单项选择题

1.根据被查纳税人的纳税资料、财务数据之间的相互关系，用可靠或科学测定的数据，验证其检查期账面记录或申报的资料是否正确的方法是（　　）。

A.比较分析法　　　B.审阅法　　　C.推理分析法　　　D.控制计算法

2.一方会计科目用错，而另一方会计科目没有错的情况下的调账的方法是（　　）。

A.红字冲销法　　　　　　　　　　B.补充登记法

C.综合账务调整法　　　　　　　　D.核销重记法

3.关于调账检查，下列说法中，正确的是（　　）。

A.必要时，经县以上税务局（分局）局长批准，税务机关可以将纳税人、扣缴义务

人以前会计年度的账簿、记账凭证、报表和其他有关资料调回税务机关检查

B.调账检查时税务机关必须向纳税人、扣缴义务人开付收据，并在3个月内完整退还

C.有特殊情况的，县以上税务局局长批准，税务机关可以将纳税人、扣缴义务人当年的账簿、记账凭证、报表和其他有关资料调回税务机关检查

D.调取当年账簿进行检查的，税务机关必须在30日内退还所调取的账簿资料

4.关于税务检查证和税务检查通知书，下列说法中，正确的是（　　）。

A.税务检查证和税务检查通知书，是税务人员对纳税人和扣缴义务人进行税务检查时的专用检查证明

B.税务人员进行检查时无税务检查证和税务检查通知书的，纳税人、扣缴义务人及其他当事人有权拒绝检查

C.税务机关对集贸市场及集中经营业户进行检查时，可以不使用税务检查通知书

D.税务检查证和税务检查通知书的式样、使用和管理的具体办法，由省以上税务机关制定

二、多项选择题

1.税务稽查的账务调整方法主要有（　　）。

A.红字调账法　　　　B.补充调账法　　　　C.综合调账法　　　　D.平衡调账法

2.对于审查方法的选择，下列理解中，正确的有（　　）。

A.详查法适用于经济业务量较少的纳税人、扣缴义务人

B.抽查法适用于经济业务量较大的纳税人、扣缴义务人

C.核对法仅用于对纳税人和扣缴义务人有关会计处理结果之间的对应关系还不了解的情况

D.控制计算法通常需要配合其他方法使用

三、判断题

1.顺查法是指按照会计核算程序，从审查原始凭证开始，按照会计核算顺序顺次审查，主要适用于业务量大、经济业务较多的企业。　　　　　　　　　　（　　）

2.红字冲销法就是先用红字冲销原错误的会计分录，再用蓝字重新编制正确的会计分录，重新登记账簿。它适用于会计科目用错及会计科目正确但核算金额错误的情况。　　　　　　　　　　　　　　　　　　　　　　　　　　　　（　　）

第四节　法律责任

一、单项选择题

1.下列关于发票印制权限的表述中，不正确的是（　　）。

A.全国统一的发票监制章、发票防伪专用品由国家税务总局指定的企业生产

B.发票式样由国家税务总局确定

C.承印发票的企业，必须持有税务机关授予的发票准印证

D.增值税专用发票由国家税务总局指定的企业印制

2.纳税人对税务行政复议决定不服的，可以在接到复议决定书（　　　）内向人民法院起诉。

A.10 天　　　　　　B.15 天　　　　　　C.7 天　　　　　　D.30 天

3.下列各项中，不属于注册税务师的代理业务范围的是（　　　）。

A.办理账务　　　　　　　　　　B.税务行政诉讼

C.办理纳税申报　　　　　　　　D.审查纳税情况

4.税收征收管理法是（　　　）。

A.实体法　　　　B.程序法　　　　C.处罚法　　　　D.争讼法

5.扣缴义务人应扣未扣、应收而不收税款的，由税务机关向纳税人追缴税款，对扣缴义务人处应扣未扣、应收未收税款罚款的倍数是（　　　）。

A.30% 以上 1 倍以下　　　　　　B.50% 以上 3 倍以下

C.50% 以上 5 倍以下　　　　　　D.10% 以上 5 倍以下

6.扣缴义务人未按规定设置代扣代缴账簿的，税务机关责令限期改正而不改正的，可以处以（　　　）。

A.2 000 元以下的罚款　　　　　　B.2 000 元以上 5 000 元以下的罚款

C.2 000 元以上 10 000 元以下的罚款　　D.10 000 元以上的罚款

7.因税务机关的责任致使纳税人、扣缴义务人未缴或者少缴税款的，税务机关在（　　　）年内可要求纳税人、扣缴义务人补缴税款，但是不得加收滞纳金。

A.4　　　　　　B.3　　　　　　C.2　　　　　　D.1

二、多项选择题

1.下列各项中，属于偷税行为的有（　　　）。

A.进行虚假纳税申报　　　　　　B.以隐瞒手段多列支出

C.以欺骗手段骗取国家出口退税款　　D.以暴力、威胁方式拒不缴纳税款

2.下列各项中，属于构成逃避追缴欠税罪应当具备的条件的有（　　　）。

A.行为人没有按照规定期限纳税

B.行为人为了不缴纳税款实施了转移或隐匿财产的行为

C.由于行为人转移或隐匿财产致使税务机关无法追缴到欠缴的税款

D.税务机关无法追缴的欠税数额达到 10 000 元以上

3.下列关于增值税专用发票开具时间的表述中，正确的有（　　　）。

A.将货物交付他人代销，为收到受托人代销清单的当天

B.采用预收货款方式的，为收到货款的当天

C.采用分期付款结算方式的，为合同约定的收款日期的当天

D.将货物作为投资的，为货物移送的当天

4.下列各项中，属于扣缴义务人权利的有（　　）。

A.延期纳税权　　　　　　　　　B.知情权

C.委托代理权　　　　　　　　　D.多缴税款申请退还权

5.税务机关的权利包括（　　）。

A.税务检查权　　　　　　　　　B.税收征管权

C.行政裁量权　　　　　　　　　D.行政处罚权

6.纳税人的权利有（　　）。

A.申请收回多缴税款　　　　　　B.申请行政复议

C.申请行政诉讼　　　　　　　　D.申请听证

7.税务违法按其制裁形式是否涉及经济内容，可以分为（　　）。

A.行政处分　　　B.刑事责任　　　C.行政处罚　　　D.民事责任

8.纳税人有下列情形之一的，由税务机关责令限期改正，可以处2 000元以下的罚款，情节严重的，处2 000元以上10 000元以下的罚款（　　）。

A.未按规定安装、使用税控装置

B.未按照规定的期限申报办理税务登记、变更或者注销登记

C.未按规定将其全部账号向税务机关报告

D.未按规定将财务、会计制度或财务处理办法和会计核算软件报送税务机关备查

三、判断题

1.纳税人未按照规定的期限办理纳税申报和报送纳税资料的，由税务机关责令限期改正，可以处2 000元以下的罚款；情节严重的，可以处2 000元以上1万元以下的罚款。（　　）

2.对纳税人偷税构成犯罪的，依法追究刑事责任。（　　）

3.对骗取国家出口退税款的，税务机关可以在规定期间内停止为其办理出口退税。（　　）

四、案例分析题

1.2023年4月1日，某基层税务分局在对该地综合饲料加工厂的税收检查中发现，该厂2022年5月采取账外设账的方法少缴了增值税、城市维护建设税合计9 020元，同期应纳税额为30 000元。

要求：（1）给纳税人的违法行为定性。

（2）请你说出对这一违法行为的处理办法。

税法习题与解答

2.2023年3月15日，某县税务局稽查分局对当地一家石油销售公司2022年度所得税应税情况进行专项检查，发现该公司多报亏损90余万元，造成当年亏损额增至240余万元。税务稽查人员认定其虚增亏损的不正当行为违反了税法规定，属于"预期偷税"。

对于多报的90万元亏损应该如何认定，税企双方发生了争议。

税务稽查人员认为，该公司多报亏损的行为会造成以后年度少缴所得税，与少申报应纳税所得额性质相同，属偷税行为，应按《中华人民共和国税收征收管理法》第六十三条第一款的规定予以处罚。

该公司则认为，企业调增亏损额后，虽然亏损数额增大，但亏损事实依旧，并没有发生企业所得税纳税义务，也就没有形成偷税的客观事实，因此企业只要如实调整账务就可以了。

要求：请问亏损企业采取不正当手段加大亏损额的行为，是否属于偷税行为？

第一章　依法治税下我国税法体系

第一节　税收与税法

一、单项选择题

1.A　2.C　3.D　4.B　5.D　6.D　7.C　8.D　9.D　10.C

二、多项选择题

1.ABCD　2.ABD　3.BC　4.ACD　5.BCD　6.ABD　7.ABC

第二节　税收实体法要素

一、单项选择题

1.C　2.D　3.B　4.D　5.B　6.D

二、多项选择题

1.BCD　2.AD　3.AC　4.BD　5.BD

三、计算题

1.（1）应纳税额=3 000×15%=450（元）

（2）应纳税额=500×5%+1 500×10%+1 000×15%=325（元）

（3）应纳税额=3 000×15%−125=325（元）

2.（1）收入超过起征点，对收入全额征税：

应纳税额=900×适用税率=900×10%=90（元）

（2）收入超过免征额，对超过800元的部分征税：

应纳税额=（900−800）×适用税率=（900−800）×10%=10（元）

第三节　我国现行税法体系

一、单项选择题

1.D　2.A　3.C　4.B

二、多项选择题

1.ABC　2.AC　3.ACD　4.ABC

第四节　我国税收管理体制

一、单项选择题

1.D　2.A　3.C

二、多项选择题

1.AD　2.ABD　3.ABD

第二章　　金税工程下的增值税

第一节　征税范围与纳税人

一、单项选择题

1.C　2.D　3.A　4.C　5.C　6.A　7.B　8.C　9.D　10.A　11.A　12.B

二、多项选择题

1.ABC　2.ABD　3.ABC　4.ACD　5.ABD　6.ABCD　7.AC　8.AC　9.ABCD
10.BCD　11.ABC

第二节　税率及征收率

一、单项选择题

1.C　2.B　3.B　4.A　5.B　6.C

二、多项选择题

1.ABD　2.ABD　3.ABC　4.ABCD　5.BC

第三节　计税依据及应纳税额的计算

一、单项选择题

1.D　2.B　3.D　4.D　5.C　6.A　7.A　8.C　9.C　10.D

二、多项选择题

1.BC　2.ABC　3.ABC　4.ABD　5.BCD　6.AB

三、计算题

1.（1）发放给职工的消毒剂视同销售，按照同类商品价格计征增值税。

销项税额=240÷60×（60+1）×13%=31.72（万元）

（2）直接捐赠目标脱贫地区的6吨消毒剂免征增值税；捐赠给养老院的2吨消毒剂，视同销售，按照同类商品价格计征增值税。

销项税额=240÷60×2×13%=1.04（万元）

（3）检测设备可以全额抵扣进项税，生产材料按照征免税销售额比重计算可抵扣的进项税；盘盈的仪器与进项税抵扣无关。

由于销售单价一致，应税比重=（60+1+2）÷（60+1+2+6）×100%=91.30%

可抵扣进项税=1.3+13×91.30%=13.17（万元）

当期应纳增值税=31.72+1.04-13.17=19.59（万元）

2.（1）农机整机适用9%的低税率，农机零件和维修费都适用13%的税率。

销售农机整机的增值税销项税额=430 000×9%+11 990÷（1+9%）×9%=39 690（元）

销售农机零配件的增值税销项税额=35 030÷（1+13%）×13%=4 030（元）

提供农机维修劳务的增值税销项税额=32 000×13%=4 160（元）

该企业当月销项税额=39 690+4 030+4 160=47 880（元）

（2）该企业当月可抵扣的进项税额=（3 052+4 142）÷（1+9%）×9%+140 000×13%-［（70 000-2 790）×13%+2 790×9%］=594+18 200-（8 737.3+251.1）=9 805.6（元）

（3）改变用途用于修建职工食堂的钢材已抵扣的进项税额（含钢材进项税额和运费进项税额）需要转出。

（4）该企业转让小轿车应纳增值税税额=100 000÷（1+3%）×2%=1 941.75（元）

（5）该企业当月应纳增值税税额=47 880-9 805.6+1941.75=40 016.15（元）

第四节 增值税出口退（免）税

一、单项选择题

1.A　2.C

二、多项选择题

1.ABC　2.ABCD　3.ABCD　4.ABCD　5.ABC

三、判断题

1.×　2.×　3.√

四、计算题

1.（1）当期免抵退税不得免征和抵扣税额=200×（13%-10%）=6（万元）

（2）当期应纳税额=100×13%-（52-6）-3=-36（万元）

（3）出口货物"免、抵、退"税额=200×10%=20（万元）

（4）按规定，当期期末留抵税额>当期免抵退税额时，当期应退税额=当期免抵退税额，因此该企业当期应退税额为20万元。

分析：此题考点是"当期期末留抵税额>当期免抵退税额时"的处理。

（5）当期免抵税额=当期免抵退税额-当期应退税额

即，该企业当期免抵税额=20-20=0

（6）本月末留抵结转下期继续抵扣税额为16万元（36-20）。

2.当期免抵退税不得免征和抵扣税额=2 400×（13%-10%）=72（万元）

当期应纳税额=39-（140+5-72）=-34（万元）

即：当期应纳税额=0

当期免抵退税额=2 400×10%=240（万元）

当期期末留抵税额34万元<当期免抵退税额240万元

当期应退税额=当期期末留抵税额=34（万元）

当期免抵税额=当期免抵退税额-当期应退税额=240-34=206（万元）

第五节 税收优惠及征收管理

一、单项选择题

1.C 2.B 3.D 4.A 5.C 6.D 7.C 8.A 9.D 10.D 11.D 12.D

二、多项选择题

1.ABD 2.ABCD 3.BC 4.ABC 5.ACD 6.ABD 7.ABC 8.ABCD 9.CD 10.ABD 11.ABD

三、判断题

1.× 2.√ 3.√ 4.× 5.×

四、计算题

1. 按现行增值税制度的规定，企业初次购买增值税税控系统专用设备支付的费用以及缴纳的技术维护费允许在增值税应纳税额中全额抵减。该公司当月可以减免税款1 220元（850+370）。

2. 一般纳税人兼营免税项目或者非增值税应税劳务而无法划分不得抵扣进项税额的，按下列公式计算不得抵扣的进项税额：

$$\text{不得抵扣的进项税额} = \text{当月无法划分的全部进项税额} \times \frac{\text{当月免税项目、简易计税项目销售额合计}}{\text{当月全部销售额}}$$

不得抵扣的进项税额=65×200÷（200+350）=23.64（万元）

准予抵扣的进项税额=65-23.64=41.36（万元）

该药厂2023年2月份应纳增值税税额=350×13%-41.36=4.14（万元）

第六节 增值税发票的使用及管理

一、单项选择题

1.D 2.D 3.A 4.D 5.B 6.C 7.C 8.A 9.B

二、多项选择题

1.ABD 2.ACD 3.BD 4.BCD 5.AC 6.ABCD 7.ABCD 8.ABCD 9.ABD 10.ACD

三、判断题

1.× 2.× 3.√ 4.√ 5.√

第三章 促进公平收入分配的消费税

第一节 征税范围及纳税人

一、单项选择题

1.C 2.B 3.B 4.C

二、多项选择题

1.CD 2.AB 3.ACD 4.ABC

三、判断题

1.√   2.√   3.×   4.×

第二节   税目与税率

一、单项选择题

1.D   2.C   3.C   4.C

二、多项选择题

1.AD   2.AD   3.ABC   4.AB   5.ABD   6.AD

三、判断题

1.×   2.√   3.√   4.×   5.√   6.√   7.√   8.×   9.×   10.√   11.√   12.√

第三节   计税依据及应纳税额的计算

一、单项选择题

1.C   2.D   3.B   4.B   5.A   6.C   7.B   8.B   9.C

二、多项选择题

1.BCD   2.ABC   3.ACD   4.BD   5.ACD

三、计算题

1.应纳增值税=1 972 000÷（1+13%）×13%=226 867.26（元）

每条卷烟不含税价格=1 972 000÷（1+13%）÷20 000=87.26（元）>70元，为甲类卷烟，适用56%的消费税比例税率。

应纳消费税=1 972 000÷（1+13%）×56%+20 000×200×0.003=989 274.34（元）

2.（1）向商场销售白酒应纳消费税=80×1 000×2×0.5÷10 000+（232+58）÷（1+13%）×20%

=59.33（万元）

（2）1吨白酒=1 000千克=2 000斤。

1吨白酒的定额消费税=1×1 000×2×0.5=1 000（元）=0.1（万元）

某企业赠送关联企业新型白酒应纳消费税=［1.5×（1+10%）+0.1］÷（1−20%）×20%+0.1=0.54（万元）

四、综合题

1.业务（1）应纳消费税=60×10%=6（万元）

翡翠手镯在出厂环节缴纳消费税；足金戒指在零售环节缴纳消费税。

业务（2）应纳消费税=47.97÷（1+13%）×10%=4.25（万元）

纳税人通过自设非独立核算门市部销售的自产应税消费品，应按门市对外销售额或者销售数量征收消费税。

业务（3）应纳消费税=（15+0.12）÷（1+13%）×5%=0.67（万元）

直接销售给消费者的钻戒按照零售环节5%的税率计算缴纳消费税。

业务（4）应纳消费税=［20×265.49+500÷（1+13%）］÷（1−5%）×5%=302.75（元）

2.业务（1）外购油漆的进项税额为26万元。

业务（2）加工费的进项税额为1.04万元。

外购原木及相关运输服务进项税额=42×10%+2×9%=4.38（万元）

这里的考点是2019年4月1日之后收购免税农产品生产基本税率的货物，适用10%（9%+1%）扣除率计算抵扣进项税的规定和运输费凭票抵扣进项税的规定。

当期进项税合计=26+1.04+4.38=31.42（万元）

销项税额=450×13%+450÷1500×100×13%=58.5+3.9=62.40（万元）

应纳增值税=62.40-31.42=30.98（万元）

解题关键是收购农产品的成本计算，收购农产品的账面成本=凭证注明收购款项+相关不含增值税的运杂费-收购款中可计算抵扣的增值税进项税额。

业务（3）组成计税价格=［42×（1-10%）+2+8］÷（1-5%）=50.32（万元）

甲厂被代收代缴的消费税=50.32×5%=2.52（万元）

因为乙厂没有同类价格，只能组价计税。在组价时注意收购原木的42万元收购款中计算扣除了10%的进项税，剩余90%（1-10%）的部分计入了采购成本；支付2万元运费属于采购成本的组成部分。

业务（4）①销售和视同销售实木地板应纳消费税=（450+450/1500×100）×5%=24（万元）

②生产领用已税实木地板应抵扣消费税=2.52×50%=1.26（万元）

③应纳消费税=24-1.26=22.74（万元）

第四节　征收管理

一、单项选择题

1.C　2.B　3.B　4.C

二、多项选择题

1.ABCD　2.ABC　3.ABCD　4.AD

三、判断题

1.×　2.×　3.×　4.√　5.√　6.√

第四章　服务区域发展的城市维护建设税和教育费附加

第一节　城市维护建设税的征税范围及纳税人

一、单项选择题

1.C　2.B　3.A

二、多项选择题

1.BCD　2.ABC　3.ACD

第二节　城市维护建设税的税率

一、单项选择题

1.A　2.D　3.B

二、多项选择题

1.AC　2.AC　3.ABD

第三节　城市维护建设税的计税依据及应纳税额的计算

一、单项选择题

1.B　2.A　3.C　4.D　5.A　6.C

二、多项选择题

1.ACD　2.AC

三、计算题

1.（1）应纳增值税=8 000÷（1+13%）×13%+20×13%+20×9%−600=324.75（万元）

（2）应纳消费税=8 000÷（1+13%）×9%=637.17（万元）

（3）应纳城市维护建设税=（324.75+637.17）×7%=67.33（万元）

2.应纳城市维护建设税=（30+50）×7%=5.6（万元）

第四节　城市维护建设税的税收优惠及征收管理

一、单项选择题

1.A　2.A　3.A　4.D　5.C

二、多项选择题

1.CD　2.ABD　3.AC

第五节　教育费附加

一、单项选择题

1.A　2.A　3.B

二、多项选择题

1.ABCD　2.ACD　3.AC　4.ACD　5.AB

三、计算题

1.甲公司当月应纳增值税=120 000×13%=15 600（元）

应纳城市维护建设税=（15 600+4 500+2 500）×7%=1 582（元）

应纳教育费附加=（15 600+4 500+2 500）×3%=678（元）

2.应纳教育费附加=（34+12+10）×3%=1.68（万元）

第五章　　助力美丽中国建设的绿色税收

第一节　资源税的征税范围及纳税人

一、单项选择题

1.A　2.C　3.C

二、多项选择题

1.AB　2.BD　3.ACDE

三、判断题

1.×　2.√　3.√

第二节　资源税的税目与税率

一、单项选择题

1.C　2.A　3.A

二、多项选择题

1.BC　2.ABC　3.ACD

三、判断题

1.√　2.√　3.√

第三节　资源税的计税依据及应纳税额的计算

一、单项选择题

1.A　2.D　3.A　4.B　5.A　6.D

二、多项选择题

1.ABCE　2.ABCD　3.BCD　4.ABCE　5.ACDE

三、判断题

1.√　2.√　3.√　4.×　5.√

四、计算题

1.（1）开采环节不需要缴纳资源税，应纳资源税为0。

（2）业务（2）应纳资源税=480×150×5%=3 600（元）

（3）纳税人将其开采的原煤，自用于连续生产洗选煤的，在原煤移送使用环节不缴纳资源税；将其开采的原煤，自用于其他方面（如用于职工宿舍）的，视同销售原煤，按同期对外销售价格计算应纳资源税；纳税人将其开采的原煤加工为洗选煤销售或用于职工宿舍等视同销售的，以洗选煤销售额乘以折算率作为应税煤炭销售额计算缴纳资源税，且洗选煤销售额中包含的运输费用以及随运销产生的装卸、仓储、港杂等费用应与煤价分别核算，凡取得相应凭证的，允许在计算煤炭计税销售额时扣减。

应纳资源税=（60+5+17）×（300−50）×60%×5%=615（元）

（4）销售开采煤矿过程中生产的天然气，暂不征收资源税，业务（4）应纳资源税为0。

该煤矿当月应纳资源税=3 600+615=4 215（元）

2.（1）业务（1）应纳资源税=200×0.5×2×11.5%=23（万元）

（2）业务（2）应纳资源税=100×1.5×11.5%=17.25（万元）

（3）业务（3）应纳资源税=（800 ×0.04+2÷1.13）×5%=1.69（万元）

（4）业务（4）应纳资源税=70.2÷1.13×2×11.5%=14.29（万元）

3.（1）业务（1）应纳资源税=（8 250+9.28÷1.13）×6%=495.49（万元）

（2）业务（2）应纳资源税=（1.2+2）×1 650×6%=316.8（万元）

（3）业务（3）应纳资源税=（2 800+4.64÷1.13）×6%=168.25（万元）

4.（1）业务（2）应纳资源税=148 400×5%=7 420（万元）

（2）业务（3）和业务（4）应纳资源税=72 000×70%×5%+132.5×5%=2 526.63（万元）

（3）本月销售天然气应纳资源税=7 400×6%=444（万元）

该企业当月应纳资源税合计=7 420+2 526.63+444=10 390.63（万元）

第四节　资源税的征收管理

一、单项选择题

1.C　2.D　3.A

二、多项选择题

1.ABD　2.BC　3.ABC　4.ABCD　5.CE

三、判断题

1.√　2.×　3.√　4.√　5.√

第五节　环境保护税

一、单项选择题

1.A　2.A　3.C　4.B　5.C　6.B　7.B

二、多项选择题

1.BCD　2.ACD　3.BD　4.AD　5.ABC　6.ABC

三、计算题

1.第一步，计算各污染物的污染当量数：

二氧化硫污染当量数=10÷0.95=10.53

氟化物污染当量数=10÷0.87=11.49

一氧化碳污染当量数=100÷16.7=5.99

氯化氢污染当量数=100÷10.75=9.30

第二步，按污染物的污染当量数排序：

（每一排放口或者没有排放口的应税大气污染物，对前三项污染物征收环境保护税）

氟化物（11.49）＞二氧化硫（10.53）＞氯化氢（9.3）＞一氧化碳（5.99）

选取前三项污染物。

第三步，计算应纳税额：

氟化物环境保护税应纳税额=11.49×1.2=13.79（元）

二氧化硫环境保护税应纳税额=10.53×1.2=12.64（元）

氯化氢环境保护税应纳税额=9.3×1.2=11.16（元）

2.应纳税额=30÷0.02×2.8=4 200（元）

3.超标分贝数为5分贝（60-55），声源一个月内超标不足15天的，减半计算应纳税额。

根据《环境保护税税目税额表》，可得出：

该企业当月噪声污染应缴纳环境保护税税额=700×0.5=350（元）

第六章　支持地方经济发展的土地增值税

第一节　征税范围及纳税人

一、单项选择题

1.D　2.D　3.B　4.D　5.D　6.D　7.D

二、多项选择题

1.ABCD　2.ACD　3.AD　4.AD　5.ABC

第二节　计税依据

一、单项选择题

1.D　2.D　3.C　4.D　5.B　6.C　7.B　8.A　9.D　10.C　11.A　12.A　13.A

二、多项选择题

1.ABC　2.BC　3.BD　4.AC　5.CD　6.BC　7.AB　8.ABC　9.AD　10.ABD

三、计算题

（1）征收土地增值税时应扣除的取得土地使用权支付的金额=（2 000+800）×12 000÷40 000=840（万元）

（2）征收土地增值税时应扣除的开发成本=7 200+400×12 000÷40 000=7 320（万元）

（3）征收土地增值税时应扣除的开发费用和其他项目=（840+7 320）×（10%+20%）=2 448（万元）

（4）房地产开发企业以不动产对外投资需要征收土地增值税；以不动产对外投资，共担风险，不缴纳增值税。

第三节　税率及应纳税额的计算

一、单项选择题

1.D　2.D　3.D　4.D　5.A　6.C　7.B

二、多项选择题

1.ACD　2.CD　3.ABC　4.ABD　5.ABC

三、计算题

1.不含税收入为2 000万元，取得土地使用权所支付的金额为400万元，房地产开发成本为700万元（100+80+520），房地产开发费用为80万元，其中：

利息支出=500×5%=25（万元）

其他支出=1 100×5%=55（万元）（管理费用和销售费用不能据实扣除）

税金=110万元

加计扣除=1 100×20%=220（万元）

扣除项目金额合计=400+700+80+110+220=1 510（万元）

增值额=2 000−1 510=490（万元）

增值额÷扣除项目金额=490÷1 510×100%=32%<50%，故适用的税率为30%。

该企业该项目应纳土地增值税=490×30%=147（万元）

2.（1）D

不能提供金融机构证明，需要使用公式计算可扣除的开发费用：可扣除的开发费用=（取得土地使用权所支付的金额+开发成本）×10%以内。本题所给的比例为8%，所以：

可扣除的开发费用=（2 600+5 000）×8%=608（万元）

（2）C

与转让房地产有关的税金是指在转让房地产时缴纳的城市维护建设税、教育费附加和印花税（非房企）。此题中甲企业按规定缴纳了相关税金896万元是个迷惑项，不可用。

可扣除的与转让房地产有关的税费=16 000×5%×（7%+3%）=80（万元）

（3）B

房地产开发企业销售新建房，准予按照（为取得土地使用权所支付的金额+房地产开发成本）×20%进行加计扣除。由题目可知，取得土地使用权所支付的金额为2 600万元，开发成本为5 000万元，开发费用为608万元，从事房地产开发的企业可加计扣除20%费用为1 520万元（（2 600+5 000）×20%），所以：

可扣除的项目金额合计=2 600+5 000+608+80+1 520=9 808（万元）

（4）C

转让收入为16 000万元，扣除项目金额合计为9 808万元，增值额为6 192万元（16 000−9 808），增值率为63.13%（6 192÷9 808×100%），适用税率为40%，速算扣除系数为5%。

应纳土地增值税=6 192×40%−9 808×5%=1 986.40（万元）

3.（1）D

一般纳税人转让其2016年4月30日前自建的不动产，可以选择适用简易计税方法计税，以取得的全部价款和价外费用为销售额，按照5%的征收率计算应纳税额。

该公司转让办公楼应纳增值税=9 000÷（1+5%）×5%=428.57（万元）

（2）D

印花税=9 000×0.0005=4.5（万元）

可扣除转让环节税金=428.57×（7%+3%+2%）+4.5=55.93（万元）

（3）D

可扣除项目：

①为取得土地使用权所支付的金额=支付的地价款+契税+按国家规定统一缴纳的其他有关费用

=300+9+1=310（万元）

②评估价格=5 000×50%=2 500（万元）

③税法规定，纳税人转让旧房及建筑物时，因计算纳税需要对房地产进行评估，其支付的评估费用允许在计算土地增值税时予以扣除。所以支付的房地产评估费10万元，可以扣除。

④可扣除转让环节税金=55.93（万元）

可扣除项目金额合计=310+2 500+10+55.93=2 875.93（万元）

（4）C

不含增值税收入=9 000−428.57=8 571.43（万元）

增值额=8 571.43−2 875.93=5 695.50（万元）

增值率=5 695.50÷2 875.93×100%=198.04%（适用税率为50%，速算扣除系数为15%）

应纳土地增值税=5 695.50×50%−2 875.93×15%=2 416.36（万元）

第四节 税收优惠及征收管理

一、单项选择题

1.C 2.A 3.B 4.D 5.A 6.C 7.A 8.D 9.C 10.B

二、多项选择题

1.BCD 2.BD 3.BD 4.BD 5.ABCD 6.ABD 7.ACD 8.BCD

第七章 受益地方的房产税

第一节 征税对象及纳税人

一、单项选择题

1.B 2.D 3.D

二、多项选择题

1.BC 2.ABC 3.ABC

三、判断题

1.× 2.√ 3.√ 4.√

第二节 计税依据、税率及应纳税额的计算

一、单项选择题

1.A 2.C 3.A 4.B

二、多项选择题

1.AC　2.BD　3.BC

三、判断题

1.√　2.×　3.√　4.√

四、计算题

1.该企业生产、经营自用房应缴纳的房产税=400×（1－30%）×1.2%=3.36（万元）

该企业出租的房屋应缴纳的房产税=20×12%=2.4（万元）

两项共计5.76万元。

2.（1）纳税人将房产投资联营取得固定收入的，从租计征房产税：

联营投出房产的固定收入应纳房产税=36×12%=4.32（万元）

（2）纳税人将房屋出租的，按租金收入计征房产税：

租金收入应纳房产税=4×6×12%=2.88（万元）

（3）纳税人其他房产从价计征房产税：

计税余值=1 250×（1－20%）=1 000（万元）

从价计征房产税=1 000×（1－1/4）×1.2%－1 000×（1－1/4）×50%×6÷12×1.2%

$\qquad$=9－2.25

$\qquad$=6.75（万元）

该企业该年应纳房产税=4.32+2.88+6.75=13.95（万元）

第三节　税收优惠及征收管理

一、单项选择题

1.D　2.C　3.A

二、多项选择题

1.ABC　2.ACD　3.ABC

三、判断题

1.×　2.×　3.×　4.√

第八章　因地制宜的城镇土地使用税和耕地占用税

第一节　城镇土地使用税

一、单项选择题

1.B　2.D　3.C　4.A　5.D　6.A　7.B　8.A　9.D　10.A　11.D　12.A

二、多项选择题

1.ACD　2.ABCD　3.ACD　4.ABD　5.ABCD　6.ABC　7.AD　8.AB　9.BC　10.BD　11.ACD　12.BC

三、计算题

1.（1）企业内部学校、幼儿园占地免征城镇土地使用税，但绿化用地照章征收城镇土地使用税。

应纳税额=（65 000-3 000-1 200）×4=243 200（元）

（2）该企业本年应缴纳的房产税：

第一步：房产原值扣除出租部分再扣除20%的损耗，从价计税：

（4 000-200）×（1-20%）×1.2%=36.48（万元）

第二步：下半年出租房产，则上半年按计税余值及1月至6月共6个月使用期计税：

200×（1-20%）×1.2%÷12×6=0.96（万元）

或用全年房产原值扣除20%的损耗计税后，减掉下半年出租房产的分摊税额：

4 000×（1-20%）×1.2%-200×（1-20%）×1.2%×50%=37.44（万元）

37.44-36.48=0.96（万元）

第三步：企业出租房产按7月至当年年底共6个月租金收入计税：

1.5×6×12%=1.08（万元）

第四步：在建工程完工转入的房产应自办妥验收手续之次月起计税，故应从9月计至年底共4个月：

500×（1-20%）×1.2%÷12×4=1.6（万元）

该企业本年应纳房产税合计=36.48+0.96+1.08+1.6=40.12（万元）

2.（1）应缴纳的城镇土地使用税=（3-2.5）×4×10 000=20 000（元）

（2）应缴纳的房产税=（300-60）×（1-30%）×1.2%×10 000+0.5×6×12%×10 000+60×（1-30%）×

6÷12×1.2%×10 000=26 280（元）

第二节　耕地占用税

一、单项选择题

1.C　2.B　3.D　4.C　5.A　6.C　7.B　8.A

二、多项选择题

1.ABCD　2.ABCD　3.ABCD　4.ABC　5.AC　6.ABCD　7.ABC

三、计算题

1.该村民应纳耕地占用税=200×8×50%=800（元）

2.该公司应纳耕地占用税=（15 000-800-2 000）×20=244 000（元）

第九章　交通强国下的车辆购置税和车船税

第一节　车辆购置税

一、单项选择题

1.A　2.D　3.C　4.D　5.B　6.D　7.D　8.B　9.D　10.A

二、多项选择题

1.ABD　2.ABCD　3.ABD　4.CD　5.BC

三、计算题

1.纳税人进口自用的应税车辆以组成计税价格为计税依据。

组成计税价格=关税完税价格+关税+消费税

该企业应缴纳的车辆购置税=（284 000+26 800+30 738.46）×10%=34 153.85（元）

2.车辆购置税的计税价格是由销售方销售应税车辆向购买者收取的除增值税税款以外的全部价款和价外费用组成的。由于纳税人购买自用应税车辆是按不含增值税的计税价格征收车辆购置税的，因此，当纳税人购车发票的价格未扣除增值税税款，或者因为不得开具机动车销售统一发票（或开具其他普通发票）而发生价款与增值税税款合并收取的，在确定车辆购置税计税依据时，应将其换算为不含增值税的销售价格。

陈某应缴纳车辆购置税=（210 000+2 000）÷（1+13%）×10%=18 761.06（元）

第二节　车船税

一、单项选择题

1.A　2.B　3.D　4.C　5.B　6.B

二、多项选择题

1.ACD　2.ACD　3.AB　4.CD　5.ABC

三、计算题

1.（1）机动船应缴纳的车船税=1 000×4×5+3 000×5×6+20 000×6×4=590 000（元）

（2）拖船应缴纳的车船税=8×1 000×0.67×4×50%=10 720（元）

说明：拖船1千瓦按0.67吨计算。

应纳车船税合计=590 000+10 720=600 720（元）

2.货车、挂车应纳车船税=30×5×30+20×5×30×50%=6 000（元）

小型客车应纳税额=3×530=1 590（元）

该企业应纳车船税=6 000+1 590=7 590（元）

第十章　具有契约精神的印花税和契税

第一节　印花税

一、单项选择题

1.A　2.B　3.D　4.D　5.B

二、多项选择题

1.ACD　2.AD　3.ABD

三、计算题

1.①购销合同应纳印花税=2 000×0.3‰=0.6（万元）

② 借款合同应纳印花税=2 000×0.05‰=0.1（万元）

③ 融资租赁合同应纳印花税=1 000×0.05‰=0.05（万元）

④ 应纳印花税合计=0.6+0.1+0.05=0.75（万元）

2.应缴纳的印花税=〔（50＋20）×0.3‰＋200×0.3‰＋40×0.3‰〕×10 000
　　　　　　　　　=930（元）

第二节　契税

一、单项选择题

1.B　2.D　3.C　4.A　5.A

二、多项选择题

1.ACD　2.BD　3.BD　4.ABC　5.AC

三、计算题

1.房屋交换，支付差价一方按差价金额缴纳契税。

换房应缴纳的契税=100 000×3%=3 000（元）

出售房产，由房产承受方缴纳契税，王某不纳税。

王某本年缴纳的契税总额=3 000（元）

2.甲不纳税，乙应纳契税为3.6万元（120×3%）；丙应纳契税为0.36万元（12×3%）。

3.以协议方式出让的，契税计税价格为成交价格。成交价格包括土地出让金、土地补偿费、安置补助费、地上附着物和青苗补偿费、拆迁补偿费、市政建设配套设施费等承受者应支付的货币、实物、无形资产及其他经济利益。

应缴纳的契税=（3 000+1 000+500）×4%=180（万元）

第十一章　创新创业下的企业所得税

第一节　征税对象及纳税人

一、单项选择题

1.D　2.A　3.B

二、多项选择题

1.AB　2.ABCD　3.ACD　4.AD　5.ABD　6.ABD　7.ABCD

三、判断题

1.√　2.×　3.×　4.×　5.√

第二节　计税依据

一、单项选择题

1.A　2.C　3.C　4.A　5.C　6.D　7.C　8.D　9.D　10.D　11.B　12.D　13.A
14.C　15.C　16.D　17.D　18.B　19.A　20.A　21.A　22.C　23.D　24.C

二、多项选择题

1.AC　2.BD　3.AC　4.ABC　5.AB　6.ABD　7.AC　8.CD　9.ABD　10.CD
11.BCD　12.ABD

三、判断题

1.×　2.√　3.√　4.√　5.√　6.×　7.×　8.×　9.×　10.√　11.√

第三节　资产的税务处理

一、单项选择题

1.B　2.C　3.C　4.C　5.A　6.D　7.D

二、多项选择题

1.AB　2.AD　3.BD　4.AC　5.AD

三、判断题

1.×　2.√　3.√

第四节　税率及应纳税额计算

一、单项选择题

1.D　2.A　3.D　4.B　5.B　6.C　7.C　8.C　9.D

二、多项选择题

1.ABD　2.AB

三、判断题

1.× 2.√ 3.√ 4.√ 5.√

四、计算题

1.（1）会计利润=3 000+50-2 800-35=215（万元）

（2）公益性捐赠扣除限额为25.8万元（215×12%），大于10万元，公益性捐赠的部分可以据实扣除。

（3）直接捐赠不得扣除，纳税调增5万元。

（4）非广告性赞助支出20万元需要纳税调增。

（5）应纳税所得额=215+5+20=240（万元）

（6）应纳所得税税额=100×25%×20%+140×50%×20%=19（万元）

2.（1）A

收入总额=700+120=820（万元）

（2）D

资本化的利息，通过摊销方式扣除，不直接在财务费用中反映。

可扣除的财务费用=50-10=40（万元）

营业收入=700+120=820（万元）

广告宣传费扣除限额=820×15%=123（万元）

实际列支30万元可扣，销售费用共计可扣50万元。

税前可扣除的财务费用和销售费用合计为90万元（40+50）。

（3）B

利润总额=1 170（收入）-20（税金及附加）-550（成本）-（50-10）（财务费用）-98（管理费用）-50（销售费用）-（40+5+2.73）（营业外支出）=364.27（万元）

捐赠限额为43.71万元（364.27×12%），实际捐赠为40万元，可据实扣除。

可扣除的营业外支出为40万元。

（4）D

应纳税所得额=1 170（收入总额）-（250+100）（免税收入）-20（税金）-550（成本）-40（财务费用）-98（管理费用）-50（销售费用）-40（捐赠）=22（万元）

该企业从业人数不超过300人，资产总额不超过5 000万元，应纳税所得额不超过300万元，符合小型微利企业标准。

自2023年1月1日至2024年12月31日，对小型微利企业年应纳税所得额不超过100万元的部分，减按25%计入应纳税所得额，按20%的税率缴纳企业所得税。

自2022年1月1日至2024年12月31日，对小型微利企业年应纳税所得额超过100万元但不超过300万元的部分，减按25%计入应纳税所得额，按20%的税率缴纳企业所得税。

企业2023年应纳所得税额=22×25%×20%=1.1（万元）

3．（1）会计利润=1 300+100-500-200-300-170+10-5=235（万元）

（2）从居民企业分回的投资收益属于免税收入，应调减所得额100万元，国债利息收入免税，应调减所得额10万元。

（3）研发费用调减所得=60×100%=60（万元）

（4）1 300×5‰=6.5（万元）

60×60%=36（万元）

6.5万元<36万元

业务招待费调增所得额=60-1 300×5‰=53.5（万元）

（5）广告宣传费扣除限额=1 300×15%=195（万元）

广告宣传费调增所得=200-195=5（万元）

（6）市场监督管理部门罚款应调增所得额5万元。

（7）支付残疾人的工资加计扣除，应调减所得额12万元。

（8）应纳税所得额=235-100-10-60+53.5+5+5-12=116.5（万元）

（9）应纳企业所得税税额=116.5×25%×20%=5.825（万元）

4．（1）该企业的会计利润总额=2 000+10+1.3+10+2-1 000-100-500-200-50-40

=133.3（万元）

（2）2万元国债利息属于免税收入，应调减应纳税所得额2万元。

（3）该企业对广告费的纳税调整：

以营业收入2 010万元（2 000+10）为基数，不能包括营业外收入。

广告费扣除限额=（2 000+10）×15%=301.5（万元）

广告费超支=400-301.5=98.5（万元）

因此，广告费用调增应纳税所得额98.5万元。

（4）该企业对招待费的纳税调整：

①80×60%=48（万元）

②（2 000+10）×5‰=10.05（万元）

则招待费扣除限额为10.05万元。

纳税调增额=80-10.05=69.95（万元）

（5）该企业对营业外支出的纳税调整：

直接对私立小学的捐赠不得扣除，行政罚款不得扣除。

营业外支出纳税调增12万元。

（6）该企业应纳税所得额=133.3-2+98.5+69.95+12=311.75（万元）

（7）该企业应纳税所得税额=311.75×25%=77.94（万元）

第五节　特别纳税调整

一、单项选择题
1.B　2.B　3.A　4.C

二、多项选择题

1.ACD 2.ABCD 3.AD

三、计算题

1. 企业所得税=〔50-50×（1-20%）〕×25%×10 000=25 000（元）

2. 应加收利息=30×5.5%÷365×365=1.65（万元）

第六节 税收优惠

一、单项选择题

1.C 2.A 3.C 4.B 5.C 6.C 7.C 8.C 9.B 10.D 11.D 12.C 13.B 14.D 15.D 16.D 17.B 18.B 19.B 20.A 21.B 22.A

二、多项选择题

1.ACD 2.ABC 3.ABD 4.ABC 5.ABCD 6.ACD 7.CD 8.ABD 9.BD 10.AD 11.AD 12.BCD 13.BCD 14.BC 15.ABCD 16.ACD 17.ABC 18.ABCD 19.BCD 20.AD

三、判断题

1.× 2.√ 3.√ 4.√ 5.× 6.√ 7.× 8.× 9.√ 10.√ 11.√ 12.× 13.× 14.× 15.× 16.× 17.×

第七节 源泉扣缴和税收征管

一、单项选择题

1.B 2.C 3.C 4.B 5.B 6.C 7.A 8.D 9.C

二、多项选择题

1.ABCD 2.BD 3.ABC 4.AD 5.ACD 6.BCD 7.ABD 8.ACD 9.ABD

三、判断题

1.√ 2.√ 3.√ 4.× 5.√ 6.√ 7.√ 8.√ 9.√ 10.× 11.√ 12.√

第十二章   迈向共同富裕的个人所得税

第一节 纳税人及纳税义务

一、单项选择题

1.C 2.A 3.D

二、多项选择题

1.BC 2.ACDE 3.AC

三、判断题

×

第二节　征税对象

一、单项选择题

1. D　2.D　3.A　4.D　5.B　6.D　7.B　8.D　9.B

二、多项选择题

1.AC　2.ABCD　3.ABD　4.ACD　5.ABC　6.CD　7.ABCD

三、判断题

1.×　2.×　3.√　4.×

第三节　税率

一、单项选择题

1.C　2.D　3.B　4.A

二、多项选择题

1.ACD　2.ABD　3.BD　4.BCE　5.ABCD

三、判断题

1.×　2.√　3.×　4.×

第四节　计税依据的确定

一、单项选择题

1.C　2.A　3.C　4.C　5.A　6.B　7.A　8.C　9.C　10.A　11.D　12.C　13.A

14.A　15.D　16.B　17.B　18.B　19.C　20.A　21.B　22.D　23.B　24.B　25.C

二、多项选择题

1.ABC　2.BD　3.ABCD　4.ABC　5.ABCD　6.ABCD　7.ABC　8.AB

三、判断题

1.×　2.×　3.√　4.√　5.×　6.√　7.√　8.√　9.×

四、计算题

全年综合所得=（120 000+60 000+ 10 000×（1−20%）+5 000×（1−20%）×70%）

= 190 800（元）

全年综合所得应纳税额=（ 190 800−60 000− 2 500×12−1 000×12− 1 500×12−2 000×12−

3 600）×10%−2 520= 1 800（元）

月出租住房所得=3 000−3 000×4%−800=2 080（元）

应纳税额=2 080×10%=208（元）

第五节　应纳税额的计算

一、单项选择题

1.D　2.D　3.B　4.C　5.A　6.B　7.A　8.B　9.C　10.B

二、多项选择题

1.ABCD　2.ABC　3.ACD　4.BCD　5.BCD　6.AB

三、判断题

1.√　2.×　3.×　4.√　5.√　6.×　7.×

四、计算题

全年税前收入=10 000×12+50 000=170 000（元）

全年可扣除费用标准=5 000×12=60 000（元）

全年专项扣除金额=2 200×12=26 400（元）

全年专项附加扣除=3 500×12=42 000（元）

全年综合所得应纳税所得额=170 000－60 000－26 400－42 000=41 600（元）

全年综合所得应纳税额=41 600×10%－2 520=1 640（元）

第六节　源泉扣缴

一、单项选择题

1.A　2.A

二、多项选择题

1.ABCD　2.ABCD

三、计算题

1.劳务报酬所得2 000元，则这笔所得应预扣预缴税额计算过程为：

收入额=2 000－800=1 200（元）

应预扣预缴税额=1 200×20%=240（元）

稿酬所得40 000元，则这笔所得应预扣预缴税额计算过程为：

收入额=（40 000－40 000×20%）×70%=22 400（元）

应预扣预缴税额=22 400×20%=4 480（元）

2.1月份：

杨女士1月份应纳税所得额=13 500－5 000－2 560－4 200－740=1 000（元）

1月份应预扣预缴杨女士个人所得税=1 000×3%=30（元）

2月份：

杨女士2月份累计应税收入=13 500+13 500+4 500=31 500（元）

杨女士2月份累计扣除额=5 000×2+2 560×2+4 200×2+740×2=25 000（元）

杨女士2月份累计预扣预缴应纳税所得额=31 500－25 000=6 500（元）

2月份累计应预扣预缴杨女士个人所得税=6 500×3%=195（元）

（适用税率级次：将当月累计预缴时的应纳税所得额视为全年应纳税所得额，适用对应税率）

2月份当月应预扣预缴杨女士个人所得税=195－30=165（元）

第七节 税收优惠和征管

一、单项选择题

1.B   2.C   3.B   4.A

二、多项选择题

1.ABC   2.AC

三、判断题

1.×   2.√   3.√   4.×   5.√   6.√

四、简答题

（1）按年计税。以纳税人一个纳税年度内取得的工资薪金、劳务报酬、稿酬和特许权使用费的收入总额，减除基本减除费用、专项扣除、专项附加扣除后的余额，为应纳税所得额，适用综合所得税率表计算个人年度应纳税款。

（2）代扣代缴、自行申报。实行"代扣代缴+自行申报"相结合的申报方式。日常由扣缴义务人预扣预缴，年度终了后个人办理自行申报。

（3）汇算清缴、多退少补。综合所得按年汇算清缴、税款多退少补。对纳税人按年计税后的年度应纳税款，与日常已缴税款进行清算，由纳税人依法补缴或申请退还多缴的税款。

（4）优化服务、事后抽查。不断优化纳税服务，减少事前个人税收资料报送，提升纳税人办税体验。年度自行申报期结束后，结合第三方信息，按照相关风险指标，筛选一定比例纳税人的自行申报情况进行检查。

第十三章　经济全球化下的我国关税

第一节 征税范围及纳税人

一、单项选择题

1.C   2.C   3.A   4.D

二、多项选择题

1.ABCD   2.ABC   3.ABC   4.AB

三、判断题

1.×   2.√   3.×   4.×

第二节 税目与税率

一、单项选择题

1.D   2.C   3.A

二、多项选择题

1.ABD   2.ABC   3.ABC   4.ABD   5.BD

三、判断题
1.√   2.√   3.√   4.×

第三节   计税依据及应纳税额的计算

一、单项选择题
1.A   2.D   3.C   4.B   5.C   6.B   7.C

二、多项选择题
1.ABD   2.BC   3.ABCD   4.BCD

三、判断题
1.×   2.√   3.×   4.√

四、计算题

1.进口环节关税完税价格=1 600+120+10+20+50=1 800（万元）

进口环节应缴纳的关税=1 800×30%=540（万元）

2.（1）进口小轿车的货价=15×30=450（万元）

（2）进口小轿车的运输费=450×2%=9（万元）

（3）进口小轿车的保险费=（450+9）×3‰=1.38（万元）

（4）进口小轿车应缴纳的关税：

关税的完税价格=450+9+1.38=460.38（万元）

应缴纳的关税=460.38×60%=276.23（万元）

3.出口关税=（170-12）×20%=31.6（万元）

第四节   征收管理与优惠

一、单项选择题
1.C   2.A   3.C

二、多项选择题
1.AB   2.AB   3.ABD   4.ABD

三、判断题
1.√   2.√   3.×   4.√

第十四章   数字化转型下的税收征收管理法

第一节   税务登记管理

一、单项选择题
1.B   2.D   3.D   4.C

二、多项选择题
1.ABCD   2.ABC   3.ABC

三、判断题

1.√   2.√   3.√

四、案例分析题

1.（1）错误。

（2）无论有无收入，都应按税收征收管理法的规定，按期办理纳税申报。

（3）税务机关应责令限期改正，可以处2 000元以下的罚款。

2.答：本处理决定有效。根据《中华人民共和国税收征收管理法》第六十条的有关规定：未按照规定期限申报办理税务登记、变更或者注销税务登记的，由税务机关责令限期改正，可以处2 000元以下的罚款；情节严重的，处2 000元以上10 000元以下的罚款。

第二节 税款征收

一、单项选择题

1.B   2.C   3.B   4.B   5.C   6.A   7.A   8.C

二、多项选择题

1.AD   2.ABCD   3.ABCD   4.ABD   5.AB   6.ACD   7.ABD   8.BD

第三节 税务检查

一、单项选择题

1.D   2.C   3.D   4.B

二、多项选择题

1.ABC   2.ABD

三、判断题

1.×   2.√

第四节 法律责任

一、单项选择题

1.B   2.B   3.B   4.B   5.B   6.B   7.B

二、多项选择题

1.AB   2.ABCD   3.ACD   4.ABCD   5.ABCD   6.ABCD   7.AC   8.ABCD

三、判断题

1.√   2.√   3.√

四、案例分析题

1.（1）属于偷税行为。

（2）纳税人偷税数额不到10 000元，属一般偷税，由税务机关追缴其偷税款、加收滞纳金，并可以处所偷税额50%以上5倍以下的罚款。

2.企业依法享受免征企业所得税优惠年度或处于亏损年度发生虚报亏损行为，在行为当年或相关年度未造成不缴或少缴应纳税款的，适用《中华人民共和国税收征收管理法》第六十四条第一款规定。本案中企业虚增亏损额后，虽然亏损数额增大，但亏损事实依旧，并没有发生企业所得税纳税义务，也就没有形成偷税的客观事实，因此对该企业应按照《中华人民共和国税收征收管理法》第六十四条第一款"编造虚假的计税依据"定性，由税务机关责令限期改正，并处五万元以下的罚款。

第三部分
模拟试卷及参考答案

模拟试卷（一）

一、单项选择题（每题1分，共20分）

1.下列行为中，不属于增值税视同销售行为的是（　　）。

A.将外购货物分配给股东　　　　　　B.将外购货物赠送给其他单位

C.将外购货物用于个人消费　　　　　D.将外购货物用于对外投资

2.一般纳税人发生的下列业务中，允许抵扣进项税额的是（　　）。

A.因自然灾害库存材料发生毁损　　　B.因管理不善腐烂变质的原材料部分

C.购进免税项目货物的运输费用　　　D.材料在运输途中非正常损耗的部分

3.某食品厂因管理不善将一批从农业生产者手中购入的用于生产面粉的小麦毁损，账面成本为4 840元，其不能抵扣的进项税额为（　　）。

A.320元　　　　B.478.68元　　　　C.560元　　　　D.435.6元

4.企业纳税人提供有形动产租赁服务，其税率为（　　）。

A.3%　　　　　B.9%　　　　　C.6%　　　　　D.13%

5.下列各项中，不按交通运输业缴纳增值税的是（　　）。

A.远洋运输企业从事的程租业务　　　B.远洋运输企业从事的期租业务

C.航空运输企业从事的湿租业务　　　D.航空运输企业从事的干租业务

6.下列有关消费税征税问题的说法中，正确的是（　　）。

A.零售环节征税的超豪华小轿车是指单价在100万元以上的小轿车

.B.消费税是仅单一环节征税的税种

C.卷烟批发环节不征收消费税

D.超豪华小轿车在零售环节加收10%的消费税

7.下列关于消费税的说法中，不正确的是（　　）。

A.果啤属于啤酒，应征消费税

B.未经打磨、倒角的木制一次性筷子，不征收消费税

C.合成宝石按规定应征收消费税

D.车身长度大于7米（含），并且座位在10~23座（含）的商用客车，不征收消费税

8.下列各项中，应同时征收增值税和消费税的是（　　）。

A.零售环节销售的卷烟

B.零售环节销售的金基合金首饰

C.生产环节销售的普通护肤护发品

D.进口环节取得外国政府捐赠的小汽车

9.纳税人用于换取生产资料和消费资料、投资入股和抵偿债务等方面的应税消费品，应当以纳税人同类应税消费品的（　　）作为计税依据计算消费税。

A.平均销售价格　　　　　　　　B.最高销售价格

C.最低销售价格　　　　　　　　D.税务机关核定的价格

10.纳税人所在地为市区的，城市维护建设税的税率为（　　）。

A.7%　　　　　　B.5%　　　　　　C.3%　　　　　　D.1%

11.下列资源中，不需要征收资源税的是（　　）。

A.原油　　　　　B.人造石油　　　　C.原煤　　　　　D.盐

12.目前我国土地增值税采用（　　）。

A.超额累进税率　　B.超率累进税率　　C.比例税率　　　D.定额税率

13.个人出租住房的房产税按照房产租金收入计算应纳税额的，适用税率为（　　）。

A.4%　　　　　　B.3%　　　　　　C.1.2%　　　　　D.12%

14.居民甲有两套住房，其中一套住房出售给居民乙，成交价格为20万元（不含增值税），另一套两居室与丙等价交换成两套一居室住房。应该缴纳契税的是（　　）。

A.甲　　　　　　B.乙　　　　　　C.丙　　　　　　D.甲、乙

15.下列处置资产的行为中，不确认企业所得税收入的是（　　）。

A.将资产用于加工另一产品　　　　B.用于市场推广

C.用于股息分配　　　　　　　　D.用于对外捐赠

16.国家对符合条件的小型微利企业的法定优惠税率是（　　）。

A.25%　　　　　　B.10%　　　　　　C.20%　　　　　D.15%

17.下列各项中，不是我国企业所得税纳税义务人的是（　　）。

A.国有企业　　　　　　　　　　B.中外合资企业

C.集体企业　　　　　　　　　　D.自然人合伙企业

18.根据企业所得税法的规定，以下纳税人中，适用25%税率的是（　　）。

A.在中国境内未设立机构、场所的非居民企业

B.在中国境内虽设立机构、场所但取得所得与其机构、场所没有实际联系的非居民企业

C.在中国境内设立机构、场所且取得所得与其机构、场所有实际联系的非居民企业

D.所有的非居民企业

19.下列项目中，需要计征个人所得税的是（　　　）。

A.奖金

B.独生子女补贴

C.托儿补助费

D.误餐补助

20.《中华人民共和国环境保护税法》规定，环境保护税（　　　）。

A.按月计算，按季申报

B.按月计算，按月申报

C.按季计算，按季申报

D.按季计算，按年申报

二、多项选择题（每题2分，共20分，多选、少选、错选均不得分）

1.以下凭证中，可以作为增值税进项税额扣税凭证的有（　　　）。

A.增值税专用发票

B.海关进口增值税专用缴款书

C.农产品收购凭证

D.员工出差火车票

2.将购买的货物用于（　　　）时，其进项税额不得抵扣。

A.劳动保护　　　　B.免税项目　　　　C.无偿赠送　　　　D.个人消费

3.消费税中实行复合征税办法的消费品有（　　　）。

A.卷烟　　　　B.啤酒　　　　C.白酒　　　　D.黄酒

4.下列情形中，不属于增值税所指的"在境内提供应税服务"的有（　　　）。

A.境外单位或者个人向境内单位或者个人提供完全在境外消费的应税服务

B.境外单位或者个人向境内单位或者个人出租完全在境内使用的有形动产

C.境外单位或者个人向境内单位或者个人提供完全在境内消费的应税服务

D.境外单位或者个人向境内单位或者个人出租完全在境外使用的有形动产

5.下列项目中，计算企业所得税时不可以从应纳税所得额中扣除的有（　　　）。

A.企业支付的违约金

B.税收滞纳金

C.市场监督管理部门的罚款

D.企业直接派发给灾区的慰问金

6.下列税费中，可以在企业所得税税前扣除的有（　　　）。

A.城市维护建设税

B.消费税

C.印花税

D.增值税

7.下列各项中，暂予免征环境保护税的有（　　　）。

A.农业生产（不包括规模化养殖）排放应税污染物的

B.机动车等流动污染源排放应税污染物的

C.依法设立的城乡污水集中处理、生活垃圾集中处理场所排放应税污染物的

D.纳税人综合利用的固体废物，符合国家和地方环境保护标准的

8.下列房产中，免征房产税的有（　　　）。

A.宗教寺庙自用房产

B.个人所有非营业用房产

C.个人出租房产

D.卫生机构自用房产

9.根据企业所得税法的规定，下列各项中，应计入应纳税所得额的有（　　　）。

A.股权转让收入

B.因债权人缘故确实无法支付的应付款项

C.依法收取并纳入财政管理的行政事业性收费

D.接受捐赠收入

10.下列各项中，属于个人所得税劳务报酬所得的有（　　）。

A.财产租赁　　　　　B.书画　　　　　　　C.雕刻　　　　　　　D.设计

三、判断题（每题1分，共10分）

1.我国现行增值税实行消费型增值税，即允许一般纳税人抵扣外购固定资产的进项税额。　　　　　　　　　　　　　　　　　　　　　　　　　　（　　）

2.自建房屋自用的，需要按照"建筑服务"缴纳增值税。　　　　　（　　）

3.个人将不动产无偿赠送他人的，不需要缴纳增值税。　　　　　（　　）

4.委托加工应税消费品，受托方一律为消费税的纳税义务人。　　（　　）

5.纳税人只有同时发生增值税、消费税的纳税义务，才是城市维护建设税的纳税人。　　　　　　　　　　　　　　　　　　　　　　　　　　　　（　　）

6.甲企业将一块国有土地的使用权转让给乙企业，取得转让收入100万元，甲企业需要缴纳契税。　　　　　　　　　　　　　　　　　　　　　　　　（　　）

7.居民甲用房产向银行抵押贷款，抵押期间不需要缴纳土地增值税。　（　　）

8.企业发生的损失，减除责任人赔偿和保险赔款后的余额，企业所得税准予在税前扣除。　　　　　　　　　　　　　　　　　　　　　　　　　　　　（　　）

9.非房地产开发企业转让旧房时缴纳的印花税在土地增值税中不允许单独扣除。　　　　　　　　　　　　　　　　　　　　　　　　　　　　　（　　）

10.企业为销售产品发生的赞助性支出可以归入业务宣传费在税前列支。

（　　）

四、计算题（每题10分，共30分）

1.某生产企业为增值税一般纳税人，适用的增值税税率为13%，2023年10月有关生产经营业务如下：

（1）销售甲产品给某大商场，开具增值税专用发票，取得不含税销售额100万元；另外，开具普通发票，取得销售甲产品的送货运输费价税合计收入10.9万元。

（2）销售乙产品，开具普通发票，取得含税销售额34.8万元。

（3）将试制的一批应税新产品用于本企业基建工程，成本价为20万元，成本利润率为10%，该新产品无同类产品市场销售价格。

（4）购进货物取得增值税专用发票，发票上注明的货款为60万元，货物已验收入库；另外，支付购货的运输费用6万元，取得运输公司开具的普通货运发票。

（5）向农业生产者购进免税农产品一批，支付收购价40万元，支付给运输单位的运费5万元，取得运输公司开具的增值税普通发票，农产品已验收入库，用于生产初级农产品。本月下旬将购进农产品的40%用于本企业职工福利。

要求：计算该企业当月的应纳增值税税额。

2. 某市一企业（非小型微利企业）实际占地面积为 6 000 平方米，其中厂办医院占地 2 000 平方米；该企业经营用房原值为 2 000 万元，2023 年对外出租房产取得含税租金收入 60 000 元（每月 5 000 元），并签订房屋出租合同；当年有其他营业账簿 10 本；2023 年全年核实的应纳税所得额为 500 万元，已预缴企业所得税 100 万元（该企业所在地城镇土地使用税计税标准为每年每平方米 10 元；房产计税余值扣除比例为 20%，该房产为 2016 年 4 月 30 日前取得，增值税采用简易计税方法）。

要求：（1）计算该企业 2023 年应缴纳的城镇土地使用税。

（2）计算该企业 2023 年应缴纳的房产税。

（3）计算该企业 2023 年应缴纳的印花税。

（4）计算该企业 2023 年应缴纳的增值税、城市维护建设税、教育费附加。

（5）计算该企业 2023 年应补缴的企业所得税。

3. 中国公民李某为某知名大学教授，2023 年收入情况如下：

（1）每月取得工资收入 20 000 元，"三险一金"等专项扣除每月为 1 500 元，从 1 月起子女教育专项附加扣除为每月 1 000 元。

（2）1 月份应邀参加讲学，取得讲学收入 60 000 元。

（3）10 月出版专著一部，取得稿酬收入 100 000 元。

（4）购物中奖获得奖金 20 000 元。

要求：计算李某 2023 年应纳个人所得税税额。

五、综合题（20 分）

某市一居民企业，从业人数 230 人，资产总额 2 000 万元。2023 年度发生相关业务如下：

（1）自产服装取得销售收入 1 300 万元，取得投资收益 100 万元（从居民企业分回的投资收益）。

（2）销售成本为 500 万元。

（3）管理费用为 200 万元，其中，研发费为 60 万元，业务招待费为 60 万元。

（4）销售费用为 300 万元，其中，广告费和业务宣传费支出 200 万元。财务费用为 200 万元，其中向商业银行贷款 1 200 万元，年利率为 5%，年利息支出为 60 万元；经批准向职工集资借款 500 万元，年利息支出为 38 万元。

（5）销售税金为 160 万元（含增值税 90 万元）。

（6）"营业外收入"账户列明转让专利所有权取得收入 160 万元；"营业外支出"账户中列支被市场监督管理部门罚款 5 万元、通过公益性社会团体向灾区捐赠 25 万元；取得国债利息收入 10 万元。

（7）"应付职工薪酬"账户借方发生额中有已经计入销售成本的给残疾人支付的工资 12 万元。

要求：计算该企业 2023 年度应缴纳的企业所得税。

模拟试卷（二）

一、单项选择题（每题 1 分，共 20 分）

1.下列税种中，不属于价内税的是（　　）。

A.消费税　　　　　　B.增值税　　　　　　C.关税　　　　　　D.资源税

2.纳税人购进农业生产者销售的农产品，按现行增值税的有关规定可以抵扣的进项税额为收购凭证所列金额乘以法定的扣除率。该扣除率是（　　）。

A.7%　　　　　　B.9%　　　　　　C.13%　　　　　　D.12%

3.增值税小规模纳税人的计税依据是（　　）。

A.含增值税税额的销售额

B.不含增值税和消费税税额的销售额

C.不含增值税税额的销售额

D.含增值税税额的销售额扣除成本费用后的余额

4.下列各项中，属于视同销售行为应当计算销项税额的是（　　）。

A.将自产的货物用于奖励员工　　　　　　B.将购买的货物用于在建工程

C.将自产的货物用于机器维修　　　　　　D.将购买的货物奖励给内部员工

5.下列混合销售行为中，应当按照销售货物征收增值税的是（　　）。

A.零售商店销售家具并实行有偿送货上门

B.电信部门自己销售移动电话并为客户有偿提供电信服务

C.装潢公司为客户包工包料装修房屋

D.饭店提供餐饮服务并销售酒水

6.下列消费品中，在零售环节征收消费税的是（　　）。

A.金银首饰　　　B.香烟　　　　C.高级白酒　　　D.镀金手表

7.纳税人自产自用应税消费品，用于连续生产应税消费品的，关于其税务处理的说法中，正确的是（　　）。

A.以组成计税价格作为计税依据　　　　　　B.视同销售应税消费品纳税

C.在移送使用时纳税　　　　　　D.不纳税

8.一般纳税人提供应税服务适用（　　）计税。

A.简易办法征收　　　　　　B.一般计税方法

C.简易计税方法　　　　　　D.适用税率征收

9.一般纳税人提供财政部和国家税务总局规定的特定应税服务，可以选择适用（　　）计税，但一经选择，（　　）内不得变更。

A.一般计税方法，36个月   B.简易计税方法，3年

C.一般计税方法，24个月   D.简易计税方法，36个月

10.企业纳税人销售不动产，其增值税纳税申报的地点为（   ）。

A.纳税人居住地   B.纳税人注册地

C.纳税人机构所在地   D.不动产所在地

11.下列各项中，应同时征收增值税和消费税的是（   ）。

A.生产环节销售的金基合金首饰   B.生产环节销售的卷烟

C.生产环节销售的普通护肤护发品   D.进口环节取得的钻石饰品

12.下列关于城市维护建设税的说法中，错误的是（   ）。

A.实际上是附加税

B.采用比例税率

C.此税开征的目的是保证有可靠的城市维护建设资金

D.计税依据是纳税人实际缴纳的增值税、消费税、所得税税额之和

13.下列各项中，不得计入进口关税完税价格的是（   ）。

A.货物价款   B.增值税   C.进口关税   D.消费税

14.按现行资源税法的规定，下列资源产品中，应缴纳资源税的是（   ）。

A.选煤   B.人造石油

C.洗煤   D.与原油同时开采的天然气

15.出售旧房及建筑物，计算土地增值税的增值额时，其扣除项目金额中的旧房及建筑物的评估价值应按（   ）计算。

A.账载余额   B.重置成本

C.账载原值乘以成新率   D.重置成本乘以成新率

16.下列各项中，符合房产税纳税人规定的是（   ）。

A.房屋出典的由出典人纳税

B.房屋出租的由承租人纳税

C.房屋产权未确定的由代管人或使用人纳税

D.个人无租使用纳税单位的房产，由纳税单位缴纳房产税

17.下列各项中，不属于印花税征税范围的是（   ）。

A.企业财产保险合同   B.货物运输保险合同

C.家庭财产两全保险   D.平安康寿险

18.在计算企业所得税应纳税所得额时准予按实际发生数扣除的支出是（   ）。

A.与纳税人生产经营有关的业务宣传费

B.与纳税人生产经营有关的业务招待费

C.纳税人向金融机构借款的利息支出

D.纳税人提取的职工福利费

19.不属于我国企业所得税纳税人的是（   ）。

A.个人独资企业   B.联营企业

C.私营有限责任公司 D.有经营收入的事业单位

20.下列项目中,属于劳务报酬所得的是( )。

A.发表论文取得的报酬

B.提供非专利技术取得的报酬

C.将国外的作品翻译出版取得的报酬

D.高校教师受出版社委托进行审稿取得的报酬

二、多项选择题(每题2分,共20分,多选、少选、错选均不得分)

1.下列税种中,实行一次课征制的有( )。

A.耕地占用税 B.增值税 C.资源税 D.车辆购置税

2.全面"营改增"试点实施之后,增值税税率包括( )。

A.13% B.9% C.3% D.6%

3.纳税人发生的下列业务中,按照简易办法依照征收率征收增值税的有( )。

A.销售旧货

B.销售自己使用过的2009年1月1日之前购进的生产设备

C.一般纳税人销售自己使用过的2009年1月1日之后购进的生产设备

D.销售自己使用过的2013年8月1日之前购进的小汽车、摩托车、游艇

4.下列各项中,不需向税务机关申请办理增值税一般纳税人身份的是(销售额已换算)( )。

A.2023年度应税行为销售额为81万元

B.2023年度应税行为销售额为400万元

C.2023年度销售商品取得销售收入60万元,应税行为销售额为480万元

D.2023年度生产产品取得销售收入30万元,应税行为销售额为550万元

5.实行复合征税办法的消费品有( )。

A.薯类白酒 B.卷烟 C.粮食白酒 D.黄酒

6.某煤矿销售一批煤炭应缴纳( )。

A.增值税 B.土地增值税

C.城市维护建设税 D.资源税

7.房地产开发企业转让房地产的,其已缴纳的税金在计算土地增值税时可单独扣除的有( )。

A.增值税 B.城市维护建设税

C.印花税 D.教育费附加

8.根据企业所得税法的规定,企业的下列各项支出,在计算应纳税所得额时,准予从收入总额中直接扣除的有( )。

A.公益性捐赠支出 B.软件生产企业的职工培训费用

C.固定资产的减值准备 D.会议费及差旅费

9.依据税法的规定,不应计入应纳税所得额缴纳企业所得税的项目有( )。

A.国债利息收入

B.依法收取并纳入财政管理的行政事业性收费

C.企业接受的捐赠收入

D.政府对纳入预算管理的事业单位的财政拨款

10.下列各项中，以取得的收入为应纳税所得额直接计征个人所得税的有（　　）。

A.稿酬所得　　　　　　　　　　B.偶然所得

C.股息所得　　　　　　　　　　D.特许权使用费所得

三、判断题（每题1分，共10分）

1.一般纳税人发生销售货物并负责运输所售货物的混合销售行为，按照交通运输业税目缴纳增值税。（　　）

2.增值税一般纳税人将外购准备用于生产产品的材料用于在建工程，应视同销售缴纳增值税。（　　）

3.对销售除啤酒和黄酒外的其他酒类产品而收取的包装物押金，在一定条件下可不并入当期销售额征收增值税。（　　）

4.对纳税人以无形资产投资入股，参与接受投资方利润分配、共同承担风险的行为，不征收增值税。（　　）

5.受托加工应税消费品的个体经营者不承担代收代缴消费税的义务。（　　）

6.纳税人以外购的液体盐加工成固体盐，在销售环节计算资源税时，外购液体盐已纳资源税税款不可扣除。（　　）

7.经营自用的房屋按房产的计税原值计征房产税。（　　）

8.在计算企业的应纳税所得额时，企业的不征税收入用于支出所形成的费用或者财产，不得扣除。（　　）

9.企业综合利用资源生产国家非限制和禁止并符合国家和行业相关标准的产品取得的收入，可减按80%计入收入总额。（　　）

10.凡应纳税所得额超过20 000元的劳务报酬所得，预扣预缴时实行加成征收。（　　）

四、计算题（每题10分，共30分）

1.A省某建筑企业（一般纳税人）2023年8月分别在B省和C省提供建筑服务（非简易计税项目），当月分别取得建筑服务收入（含税）1 650万元和2 970万元，分别支付分包款545万元（增值税专用发票上注明的增值税为45万元）和763万元（增值税专用发票上注明的增值税为63万元），支付不动产租赁费109万元（增值税专用发票上注明的增值税为9万元），购进建筑材料支付1 130万元（增值税专用发票上注明的增值税为130万元）。

要求：请回答该建筑企业在2023年9月纳税申报期该如何申报缴纳增值税。

2.中国公民王某在国内某市一单位任职，2023年1月份的收入情况如下：

（1）取得工资收入5 400元、季度奖3 000元。

（2）接受某公司邀请担任技术顾问，当月取得收入35 000元。

（3）撰写的一本专著由境外某出版社出版，取得稿酬36 000元。

（4）购买福利彩票中奖取得50 000元。

要求：（1）计算王某2023年1月取得工资、劳务报酬、稿酬所得应预扣预缴的个人所得税。

（2）计算王某2023年1月中奖所得应缴纳的个人所得税。

（3）计算王某2023年1月缴纳的个人所得税总和。

3.某企业2023年发生下列业务：

（1）销售产品取得收入2 000万元。

（2）接受捐赠材料一批，取得赠出方开具的增值税发票，注明价款10万元、增值税1.3万元；委托一运输公司将该批材料运回企业，支付运杂费0.3万元。

（3）转让一项商标所有权，取得营业外收入60万元。

（4）收取当年让渡资产使用权的专利实施许可费，取得其他业务收入10万元。

（5）取得国债利息收入2万元。

（6）全年销售成本为1 000万元；税金及附加为100万元。

（7）全年销售费用为500万元，含广告费400万元；全年管理费用为200万元，含业务招待费80万元；全年财务费用为50万元。

（8）全年营业外支出为40万元，含通过政府部门对灾区的捐款20万元；直接对私立小学捐款10万元；违反政府规定被市场监督管理部门罚款2万元。

要求：根据上述资料，回答下列问题（单位为万元，结果保留至小数点后两位）。

（1）计算该企业的会计利润总额。

（2）计算该企业对收入的纳税调整额。

（3）计算该企业对广告费的纳税调整额。

（4）计算该企业对业务招待费的纳税调整额。

（5）计算该企业对营业外支出的纳税调整额。

（6）计算该企业的应纳税所得额。

（7）计算该企业的应纳所得税税额。

五、综合题（共20分）

2023年8月，某小汽车厂（增值税一般纳税人）研制生产出最新型号的小汽车，产品销售初期，全国统一促销价（不含税）为 28 万元/台。当月发生下列经济业务（外购货物均已验收入库，本月取得的相关发票均在本月认证并抵扣）：

（1）向某商场销售 100 台，用本厂卡车送货，价款外另收取手续费 1.13 万元。

（2）省外某经销公司发来代销清单，销售小汽车 5 台，收取代销手续费 4 万元，款项已到账。

（3）没收逾期小汽车包装物押金 2.32 万元。

（4）购进小汽车原材料零部件，取得的增值税专用发票上注明的价款为 100 万元、增值税为 13 万元；在购货过程中支付含税运输费用 2.4 万元并取得专用发票。

（5）从小规模纳税人处购进一批原材料零部件，价款合计为 65 万元，取得税务机关代开的增值税专用发票。

（6）从国外进口一辆小汽车，其关税完税价格为 32 万元。

小汽车的消费税税率为 9%，关税税率为 8%。

要求：根据上述资料，回答下列问题（单位为万元，结果保留至小数点后两位）。

（1）计算该企业的增值税销项税额。

（2）计算该企业的增值税进项税额（不含进口环节增值税）。

（3）计算该企业应缴纳的增值税（不含进口环节增值税）。

（4）计算该企业应缴纳的消费税（不含进口环节消费税）。

（5）计算该企业进口环节应缴纳的关税。

（6）计算该企业进口环节应缴纳的消费税。

（7）计算该企业进口环节应缴纳的增值税。

模拟试卷（一）参考答案

一、单项选择题

1.C   2.A   3.B   4.D   5.D   6.D   7.B   8.B   9.B   10.A   11.B   12.B   13.A   14.B   15.A   16.C   17.D   18.C   19.A   20.A

二、多项选择题

1.ABCD   2.BD   3.AC   4.AD   5.BCD   6.ABC   7.ABCD   8.ABD   9.ABD   10.BCD

三、判断题

1.√   2.×   3.×   4.×   5.×   6.×   7.√   8.√   9.×   10.√

四、计算题

1.（1）销项税额=100×13%+10.9÷（1+9%）×9%=13.9（万元）（2分）

（2）销项税额=34.8÷1.13×13%=4（万元）（1分）

（3）不计算销项税额（2分）

（4）进项税额=60×13%=7.8（万元）（2分）

（5）进项税额=40×9%×60%=2.16（万元）（2分）

应纳增值税税额=13.9+4-7.8-2.16=7.94（万元）（1分）

2.（1）该企业应缴纳的城镇土地使用税税额=（6 000-2 000）×10=40 000（元）（1分）

（2）该企业经营用房应缴纳的房产税税额=20 000 000×（1-20%）×1.2%=192 000（元）（1分）

该企业出租用房应缴纳的房产税税额=5 000÷（1+5%）×12%×12=6 857.14（元）（1分）

（3）其他营业账簿10本暂免征收印花税。

该企业应缴纳的印花税税额=6 000÷（1+5%）×1‰=5.71（元）（2分）

（4）①该企业应缴纳的增值税税额=5 000÷（1+5%）×5%×12=2 857.14（元）（1分）

②该企业应缴纳的城市维护建设税税额=2 857.14×7%=200（元）（1分）

③该企业应缴纳的教育费附加=2 857.14×3%=85.71（元）（1分）

（5）该企业应补缴的企业所得税税额=500×25%-100=25（万元）（2分）

3.（1）工资薪金、劳务报酬、稿酬和特许权使用费四项所得年终按综合所得汇算清缴。

综合所得应缴纳的个人所得税税额=［20 000×12+60 000×（1-20%）+100 000×（1-20%）×70%-60 000-1 500×12-1 000×12］×20%-16 920=33 880（元）（6分）

（2）中奖所得应纳税额=20 000×20%=4 000（元）（2分）

李某2023年应缴纳的个人所得税税额=33 880+4 000=37 880（元）（2分）

五、综合题

（1）会计利润=1 300+100-500-200-300-200-（160-90）+160-5-25+10=270（万元）（2分）

（2）从居民企业分回的投资收益属于免税收入，应调减应纳税所得额100万元，国债利息属于免税收入，应调减应纳税所得额10万元。（2分）

（3）营业收入的5‰为6.5万元（1 300×5‰），业务招待费的60%为36万元（60×60%），6.5万元<36万元，所以业务招待费限额扣除数为6.5万元。

业务招待费应调增应纳税所得额=60-1 300×5‰=53.5（万元）（2分）

研发费用加计100%扣除，应调减应纳税所得额60万元。（2分）

（4）向职工借款应调增应纳税所得额=38-500×5%=13（万元）（2分）

（5）捐赠支出应调增应纳税所得额=270×12%-25=7.4（万元）

该7.4万元准予结转以后三年内在计算应纳税所得额时扣除。（2分）

市场监督管理部门罚款不得扣除，应调增应纳税所得额5万元。（2分）

（6）支付残疾人的工资加计扣除，应调减应纳税所得额12万元。（2分）

（7）广告费扣除限额=1 300×15%=195（万元）

广告费应调增应纳税所得额=200-195=5（万元）

（8）应纳税所得额=270-100-10+53.5-60+13+7.4+5-12+5=171.9（万元）（2分）

该企业2023年度应缴纳的企业所得税税额=171.9×25%×20%=8.595（万元）（2分）

模拟试卷（二）参考答案

一、单项选择题

1.B　2.B　3.C　4.A　5.A　6.A　7.D　8.B　9.D　10.C　11.B　12.D　13.B　14.D　15.D　16.C　17.D　18.C　19.A　20.D

二、多项选择题

1.ACD　2.ABD　3.ABD　4.AB　5.ABC　6.ACD　7.BD　8.BD　9.ABD　10.BC

三、判断题

1.×　2.×　3.×　4.√　5.√　6.×　7.×　8.√　9.×　10.√

四、计算题

1.B省：预缴增值税。

当期预缴税款=（1 650-545）÷（1+9%）×2%=20.28（万元）（3分）

C省：预缴增值税。

当期预缴税款=（2 970-763）÷（1+9%）×2%=40.50（万元）（3分）

A省：申报缴纳增值税。

当期应纳增值税=（1 650+2 970）÷（1+9%）×9%-45-63-9-130-20.28-40.50=73.69（万元）（4分）

2.（1）取得工资、薪金收入和季度奖应合并由本单位预扣预缴个人所得税。

应纳税额=（5 400+3 000-5 000）×3%=102（元）（2分）

劳务报酬所得应预扣预缴个人所得税=35 000×（1-20%）×30%-2 000=6 400（元）（2分）

稿酬所得应预扣预缴个人所得税=36 000×（1-20%）×（1-30%）×20%=4 032（元）（2分）

（2）王某中奖所得应缴纳的个人所得税=50 000×20%=10 000（元）（2分）

（3）王某2023年1月应缴纳的个人所得税合计=102+6 400+4 032+10 000=20 534（元）（2分）

3.（1）该企业的会计利润总额=2 000+10+1.6+60+10+2-1 000-100-500-200-50-40
=193.6（万元）（2分）

（2）该企业对收入的纳税调整：

2万元国债利息属于免税收入，应调减应纳税所得额2万元。（1分）

（3）该企业对广告费用的纳税调整：

以营业收入2 010万元（2 000+10）为基数，不包括营业外收入。

广告费扣除限额=（2 000+10）×15%=301.5（万元）

广告费超支=400-301.5=98.5（万元）

因此，应调增应纳税所得额98.5万元。（2分）

（4）该企业对业务招待费的纳税调整：

业务招待费限额计算：

① 按发生额的60%=80×60%=48（万元）

② 按营业收入的5‰=（2 000+10）×5‰=10.05（万元）

取二者中较小值，则业务招待费扣除限额为10.05万元。

应调增应纳税所得额=80-10.05=69.95（万元）（2分）

（5）该企业对营业外支出的纳税调整：

捐赠扣除限额=193.6×12%=23.23（万元）

该企业捐赠20万元小于扣除限额23.23万元，所以公益性捐赠可以扣除；直接对私立小学的捐赠不得扣除；行政罚款不得扣除。

应调增应纳税所得额=10+2=12（万元）（2分）

（6）该企业的应纳税所得额=193.6-2+98.5+69.95+12=372.05（万元）（0.5分）

（7）该企业的应纳所得税税额=372.05×25%=93.01（万元）（0.5分）

五、综合题

（1）该企业的增值税销项税额：

第一笔业务的销项税额=［28×100+1.13÷（1+13%）］×13%=364.13（万元）（2分）

第二笔业务的销项税额=28×5×13%=18.2（万元）（2分）

第三笔业务的销项税额=2.32÷（1+13%）×13%=0.27（万元）（1分）

（2）该企业的增值税进项税额：

第四笔业务的进项税额=13+2.4÷（1+9%）×9%=13.20（万元）（2分）

第五笔业务的进项税额=65÷（1+3%）×3%=1.89（万元）（2分）

（3）该企业的增值税应纳税额=364.13+18.2+0.27-（13.20+1.89）=367.51（万元）（1分）

（4）该企业的消费税应纳税额：

第一笔业务的消费税=［28×100+1.13÷（1+13%）］×9%=252.09（万元）（2分）

第二笔业务的消费税=28×5×9%=12.6（万元）（2分）

第三笔业务的消费税=2.32÷（1+13%）×9%=0.18（万元）（1分）

该企业的消费税应纳税额合计=252.09+12.6+0.18=264.87（万元）（1分）

（5）该企业进口环节应缴纳的关税=32×8%=2.56（万元）（1分）

（6）该企业进口环节应缴纳的消费税=（32+2.56）÷（1-9%）×9%=3.42（万元）（1分）

（7）该企业进口环节应缴纳的增值税=（32+2.56+3.42）×13%=4.94（万元）（2分）